目の見えない精神科医が、見えなくなって分かったこと

精神科医
福場将太

はじめに

ものを見るのに、かならずしも「目」が必要とは限りません。

コウモリにしても、モグラにしても、一部例外の種類はいるものの視力をほとんど持たない生物と言われています。

ところが、そんなコウモリはビルの隙間を器用にすり抜けながら夜空を自由に飛び回っているし、モグラもまた真っ暗な土の中を大好物のミミズ目掛けてまっしぐらに進んでいます。


コウモリであれば「聴覚」を頼りに。

モグラであれば「嗅覚」を頼りに。

音や匂いを介して世界を見ながら、彼らは「暗闇」を駆け抜けているのでしょう。

見えていないのに、見えている。

そう認めざるを得ないことが、生命の間では当たり前のように起きているわけです。「見る」という行為は何も視覚だけの専売特許ではなく、そんな彼らの生態を、私はちっとも不思議には感じません。

かく言う私自身も、目が見えないからです。

徐々に視野が狭まる網膜色素変性症という病気を患っていることが分かったのは、東京で暮らしていた医学部5年生の時でした。

そこから20代後半にかけて急速に症状が進行、32歳の時に完全に視力を失いました。以降は視野の端っこでわずかに光を感じ取れる程度で、正面は全く見えず、ものの認識はできません。

そんなコウモリやモグラの仲間になってもう10年以上の月日が流れたわけですが、現在私が何をしているかというと、夜空でも地中でもなく、ちゃんと昼間の人間社会で働いています。

仕事は精神科医、心を見る医師です。

病院があるのは流れ流れて北の大地、北海道の美唄《びばい》市。かつては炭鉱で栄えた町に暮らす町医者です。

「目が見えないのに医者です」なんて言うと、「診察のカルテはどんなふうに書いているの⁉」と気になっている方も多いかもしれませんね。

基本的にはパソコンを使っています。

中学生の頃にパソコン部に所属していたおかげでブラインドタッチができたものですから、画面やキーボードが見えなくても音声読み上げソフトを用いることで、自分で診療記録や診断書を書けるのです。もちろん、今この文章もその手法で目を使うことなく執筆しています。さほど支障はありません。

とはいえ目が見えなくなって、大変ではなかったと言えば、それはもちろん嘘になります。

物理的に見えなくなったものが、たくさんあるからです。なんてことない階段の始まりや境目でつまずいてしまうこともあるし、買い物の際に目的の商品を探し出すのもひと苦労です。

目が見える人にとっては当たり前にできることが、私にはできません。つまり論ずるまでもありませんが、「目が見えないと、見ることができないもの」が、たくさんあるのです。

ただしその一方で、目が見えているばっかりに、見えなくなるものもある、と感じてもいます。このたび筆を執ろうと思ったのは、そのことを伝えたかったのも理由の1つです。

私には患者さんの姿を見ることができません。

診察は、特に患者さんの声色、声の向きや強弱、話すリズムやテンポ、使う言葉の選び方、足音などを頼りに行っています。

「あれ？　今日はドアを開ける音や足音に元気を感じないなあ……」

「前回来た時より使う言葉がトゲトゲしくなっているぞ？」

といった、調子の悪さだったり、

「この患者さん、声が生き生きし始めたな。良い感じ、良い感じ」

「お、呼吸のリズムが整ってる。これは良い兆しだな」

といった、調子の良さだったり、コウモリよろしく、「音」というのは、視覚では見えないものを見せてくれることが多々あります。


私にとって、音は景色の1つなのです。

きっとこういったことは、視覚情報に頼っていてはなかなか分からないことではないでしょうか。

見えることは時として残酷です。

多くの人が悩んでしまうのは「見なくていいものを見過ぎているから」だと感じることが多々あります。見え過ぎているからこそ決めつけてしまうこと、もしくは執着してしまうことが非常に多い。

だから無意識に見過ぎているものを意識的に見ないようにすれば、見落としていた本当に大切なものが見えてくるきっかけにもなるのです。

「バリアバリュー」という言葉をご存じでしょうか。

これは直訳すると、「障がいの価値」という意味です。

視覚障がいを持つ私のことで言えば、「見えなくなったからこそ、見えるようになったものがある」ということを表しています。

目が悪くなったばかりの頃はそんなものあるわけないと思いましたが、実際にそういった価値を探してみると、結構見つかるものです。

例えば、身近なことで言えば、停電した時なんかはまさにそうです。

病院のスタッフが目の前の景色が見えず騒いでいる中、私はスタスタと病院内を歩き回り「日常」を過ごすことが可能です。

「見ること」ができなくなった分、聞けるようになった音がある。

嗅げるようになった匂いがある。

そして、見えなくなったからこそ分かったこの世界の美しさや、見えなくなったからこそ気づけた人の思いやりや優しさがたくさんあるのです。


目が見えるからこそ、見えるもの。

目が見えるからこそ、見えないもの。

目が見えないからこそ、見えないもの。

目が見えないからこそ、見えるもの。

そんな4つの世界を、見えていた頃の生活と、見えなくなってからの生活を行き来しながら書いたのが本書です。


第一部では、「目が見えないからこそ、見えるようになったもの」と、一方で「目が見えないと、やはり見ることができないもの」を取り上げています。

そして第二部では、「目が見えるからこそ、見えなくなってしまうもの」と、その逆に「目が見えるからこそ見えるもの、見えているもの」に焦点を当てて書きました。

さらに、第三部は、「もしももう一度、目が見えるようになったらしたいこと」をまとめました。


もしもあなたが目の見えている人なら、視覚に頼るあまり見えなくなったものを見つめ直すガイドブックに。

そして、もしもあなたが私と同じように目の見えていない人なら、頼りたい視覚がなくても希望を見つけられるガイドブックに。

何が大切か見えづらい時代だからこそ、この本が多くの人に明るい未来へと進むきっかけを見せてくれることを願っています。

もくじ

第一部

見えないからこそ、見えないもの。見えないからこそ、見えるもの。

第二部

見えるからこそ、見えるもの。見えるからこそ、見えないもの。

第三部　もう一度目が見えるなら。

第一部

見えないからこそ、
見えないもの。
見えないからこそ、
見えるもの。

いずれ失明すると分かりながら医師を目指した理由

「君の眼は、いずれ完全に見えなくなるかもしれない」

新たな運命の歯車が回り始めたのは医学部5年生の頃。

白衣に身を包み、患者さんの実際の治療を見学する臨床実習中に病気が見つかりました。

臨床実習では、1年かけて内科、外科、産婦人科……、と全ての診療科を回っていきます。

「その時」が来たのは、眼科を回った時でした。

診察手技の練習で私の目を覗《のぞ》いた指導医の先生が、私の眼に異変を見つけ、病気が発覚したのです。

病名は、網膜色素変性症。徐々に視力が低下していき、時には失明に至ることもある指定難病疾患。

教科書でその症状を調べてみると、幼少期の記憶に思い当たる節がありました。

例えば、暗いところで見えないという「夜盲症」。

思えば、学芸会で舞台が暗転した時、あるいはキャンプファイヤーで火が消えた時、周りのみんなは暗がりの中でもスタスタと歩いていました。ところが私にとってそこは深く真っ暗な森に迷い込んだような感覚を覚える場所。一寸先を認知することができず、うまく歩くことができませんでした。

そして、見えている範囲が狭いという「視野の狭窄《きょうさく》」。

他の人の視野がどんな広さかは知りようがないので気づくことができませんでした

が、今思えば野球をやってもボールがすぐに視界から消えてしまってバットはいつも空を切るばかりでした。

サッカーをやっても、どっちが敵のゴールかすぐに見失っていました。まあこれはただ単に運動音痴だったのかもしれませんが……。

「治療法はない」

網膜色素変性症について教科書で調べると、そう書いてあり、驚きました。

ただその頃は眼鏡をかければ問題なく見えていたこともあり、「症状は個人差があるから、まあ何とかなるだろう」と楽観的に考えていたのです。

ところが不思議なもので、診断がつくとまるでドミノ倒しのように、みるみる視力の低下が進みました。

1年後にはいよいよ手元の教科書の文字が見えにくくなってきました。

そんな中、医学部6年生は一番勉強しないといけない学年。それはもちろん、目の前に国家試験を控えているからです。

しかし勉強は捗《はかど》りません。

教科書やテスト問題が見えにくいという物理的な理由もありましたが、それ以上に、私を勉強から遠ざけたのは私の心の問題でした。

「目が見えなくなるのに、医師を目指す意味があるのだろうか」

そんな思いが頭をよぎるようになり、だんだん勉強に気持ちが入らなくなっていったのです。

1年後の自分の状態がどうなっているか分からない。

5年後、10年後はもっと分からない。

そんな状態で、医師を目指して何になる？

ぐるぐると思考の迷路に迷い込んでいた状態ですから、なんとか卒業はできたものの国家試験はめでたく不合格となりました。

さぁ、これからどうしたものか。

途方に暮れる気持ちはもちろんありました。

ただ、その一方で、不思議な気持ちが私のもとに訪れました。

まさかの解放感です。

国家試験に落ちたことで、突然人生がフリーになったと言いますか、決められたレールから外れることができたと言いますか、奇妙な感覚に包まれたのです。

医学部に入ったことでいつのまにか「医師以外の可能性」が見えなくなっていたのでしょう。

皮肉なことに、目が悪くなったことで、医師以外の無数の可能性の扉が目の前に現れたようにも思えたのです。

そんなわけでそこからの1年間は、国家試験再挑戦を目指す予備校生をしつつ、とにかく色々な扉をノックしながら人生を探す時間となりました。

会いたかった人に会いに行く。

音楽仲間と野外ライブをやってみる。

大好きな番組にネタを投稿してみる。

小説を書いてコンテストに応募してみる。

インターネットラジオ局でＤＪをしてみる。


医学部を飛び出して見た世界は、実に色とりどりでした。そしてこれまでの生き方では出会えなかったたくさんの人たちに出会いました。

アマチュアの音楽イベントに出ている人の中には、平日は会社員、休日はミュージシャンという２つの顔を持つ人がいました。

また、侍の恰好で刀を振り回しながら歌うあの人も、歌い終えると優しい笑顔で子どもと遊ぶ、お父さんであることが分かりました。


生き方は十人十色。

そして１人の人間の中にも多様な生き方が内在している。

新たに訪れた世界でそう実感した私は、これまでいかに自分が限定的な視野に縛られていたかということに気づかされました。

色々な扉をノックしながらも、本来一番目指していたはずの医師への扉を叩くことを私は躊躇していました。

「将来目が見えなくなれば医師を辞めなきゃいけない」

「どうせ途中で辞めるなら、最初からやらないほうがいい」

そんな思いを抱えていたからです。

これは、一生続けられないのなら意味がない、という実に限定的なものの見方によるものだと言えるでしょう。

さまざまな世界でさまざまな生き方を見たことで、

「人生は一本道じゃない。行けるところまで行ってみて、ダメになったらダメになったで、また別の道を探せばいいじゃないか」

そう思えるようになりました。

そして医師への扉も選択肢に入れた上で、まっすぐに自分の人生と向き合い、開く扉を決めることができました。


答えは「やっぱりもう一度全力で国家試験を受けてみよう！」でした。


全力でぶつかってみて開かなかったのならしょうがない。その先の道をどこまで行けるかは今の時点では考えず、目が見えているうちにとにかくやってみよう。

こうして仮の姿の浪人生から本物の浪人生になった私は、勉強と並行して間違えずにマークシートを塗る猛練習を行い、国家試験に無事リベンジ。

扉を開いて、その先にある医師の道を歩み始めたのです。

「行けるところまで行ってみて、
ダメになったらダメになったで、
また別の道を探せばいい」
そう思えたから、
医師としての今があります。

目が見えない医師は案外、たくさんいる

国家試験を乗り越え、めでたく精神科医として従事するようになって3年から4年経った頃のことです。

視力の低下は続き、いよいよどんなに目を凝らしても患者さんの表情が見えない、どんなに拡大してもパソコンの文字も見えないという状態になりました。

精神科の診療の大部分は患者さんとの語らい、外科のように手術をするわけではありません。

とはいえ、「さすがに患者さんの顔が見えないし、自分で書類が書けないのはアウトだろう……」と考え、まだ新米ながら「引退」の二文字が頭をよぎりました。

そんな時に、一緒に働く事務の方が、全盲の精神科医の存在をインターネットで見つけてくれ、その先生とコンタクトを取ったことで「視覚障害をもつ医療従事者の会ゆいまーる」という団体の存在を知りました。

その総会が東京であるというので参加してみたのです。

するとそこには、目が見えない医師がいました。

1人や2人ではなく、たくさんいました。

しかも医師だけでなく、看護師、心理士、理学療法士、言語聴覚士などなど、目が不自由でも医療や福祉の仕事に従事している方が何十名もいたのです！

「目が見えない医師は自分だけじゃなかった！」

このことは私の心を明るく照らしました。

たくさんの仲間の存在に、勇気をもらいました。

さらには、具体的な診察の進め方や勉強の方法、音声ソフトを使えばパソコン操作ができること、書類の所定の場所にズレずにサインできるテクニックなど、目が見えない状態で仕事を続けていくためのさまざまなノウハウを教えてもらいました。

今思うと、病気が起こる確率を考えれば、医師の中にも目が見えない人がいてもおかしくないのは想像できたことです。

ところが当時の私は、「目が見えない医師は自分だけだ」と思い込んでいました。いえ、思い上がっていました。そして、目が見えなくなったら当然、医師は続けられないものだとも。

目が見えないと「レントゲンが見えない」「心電図が読めない」「カルテが書けない」と、「できないこと」ばかりにフォーカスしていたのです。

何より「医師はあらゆることができて当たり前」「医師は完璧でないといけない」という固定観念が強くあったように思います。

実際に、かつては目が見えなくなった者は医師として欠格であるという法令規定がありました。

その名残りもあってか、今でも目が見えなくなった医師の中には、自身に「失格」の烙印を押し、仕事を辞めてしまう人がおられます。

しかし、医療従事者も人間です。

誰だって、いつ病気になるか分からないし、いつ事故に遭うか分かりません。そもそも完璧な人間なんていないのですから、医師は完璧でないといけないのなら、この世に1人として、「医師」は存在できないことになります。

ゆいまーるで出会った先生方は、生き生きと仕事に従事されていました。

視力は頼りなくても心は頼もしく、障がいのない先生に負けない「情熱」を持っておられました。

その情熱はおそらく〝たまたま〟ではありません。

目が見えない状態で医療の仕事をするというのは、やはり情けない思い、悔しい思いをすることがたくさんあります。

また見えていないせいで患者さんに何か害が及んだらどうしようという不安とも常に隣り合わせです。

そんな気持ちがあってもなお、「それでも自分はこの仕事をするんだ」という決意。それは「家が代々医者だから自分も医者をするんだ」なんて動機では不十分、そこには心底からの情熱が不可欠なわけです。

障がいを負ったからこそ情熱が燃え上がる。

これも1つのバリアバリューですね。

目が見えなくても、いや、目が見えないからこそ情熱を持って生き生きと働いているゆいまーるの仲間たち。初めて参加した総会でその姿を目の当たりにした時、私の頭から「引退」の文字が消えました。いくつもの勇気と知恵をお土産にいただき、自分にもできることがまだまだあると思えたのです。

「目が見えなくなったら医師は辞めなくてはいけない」

病気を告知された時からずーっとそう思い込んでいた未来が書き換えられた瞬間でした。

引退を考えていた頃からもう、10年以上が経ちました。

目は本当に見えなくなってしまいました。

それでもゆいまーるの仲間たちと情報交換しながら、あの日授けていただいた勇気と知恵と情熱を胸に、まだ精神科医の仕事を続けられているというのが今の私です。

目が見えなくても
情熱を持って
生き生きと働く人を見て、
自分にもできることが
まだまだあると思えました。

私は「視覚障がい者」ではなく「視覚想像者」

人は情報のおよそ8割を「視覚」から得ていると言われています。

つまり、「視覚」とはいわば情報収集のメイン機能とも言えるわけです。そんなこともあって、私たち目が見えない人間は「何も分かっていない」「何も見えていない」と思われる場面が少なからずあります。

しかし、当事者から言わせてもらえば、それはとんでもない見くびりです。

みなさんが想像するよりもずっと、目が見えない人が見ている世界にはたくさんの情報が存在しています。

みなさんは、「目が見えない人の視界」と聞くと、どんな世界をイメージするでしょうか。もしかすると、電源を切ったテレビのように、真っ暗なスクリーンを想像する人が多いかもしれません。

それがそうでもないんです。

意外とカラフルな世界を生きています。

というのも、私たちはいつでも視覚以外の感覚を総動員して、目の前の景色や出来事を「想像」しているからです。

例えば、誰かと会話している時、相手の姿は見えていないけれど、脳内では頭からつま先までその姿を事細かに想像しています。

足音や語調には実に豊かにその人の心情や性格が表れます。

歩幅や足取りの軽快さからアクティブな人なのかな？　と想像したり、快活な語調から体育会系の印象を受けたなら、その印象に合った外見がイメージの中で作り上げられたりします。
それこそ、短髪で、がっしりしていて、眼鏡を掛けていて……と、頭の中で似顔絵を描くように、外見を作り上げていくのです。これは、次にその方に会った時にも同じイメージが視界に登場します。

逆に、再びお会いした際に会話の中で「実は出不精なんです」と言われるなど、その方に関する新しい情報が更新されると、「体育会系ではないのかも」と、イメージの中での外見が描き替えられる柔軟さもあります。

そういう意味で、目が見えない人間を「視覚障がい者」という言葉で表現すること自体に私は違和感を覚えます。
決して視覚がない暗闇を生きているのではなく、自分で描いた視覚世界を生きている人たち。

私の自意識では、「視覚障がい者」よりも、「視覚想像者」。

そのほうがしっくり来ます。

私のような中途失明ではなく、生まれながらに目が見えない人たちは世界を想像するどころか創造もして生きているわけです。

イマジネーションの「想像」。

そして、クリエーションとしての「創造」。

私たち、目が見えない人間はそうやって想像し、世界を創造している。

目が見えている人たちと同じく、カラフルな世界を生きていることをぜひお見知りおきください。

視覚障がい者の視界は、
意外にもカラフルです。
真っ暗な世界だなんて、
とんでもない！

目が見えないとできないこと

ここまで読んでいただいた方の中には、もしかすると私のことを「目が見えなくなったことを乗り越えて、苦労なく生きている人」だと捉えている方もおられるかもしれません。

そんなことはありません。見えないからこそできなくなったことがたくさんあるし、毎日が苦難の連続です。

目が悪くなったばかりの頃は、しょっちゅう何気ない道で迷子になっていました。

特に雪の日は、危険です。

北海道は、冬になると町の景色が雪で真っ白になります。歩道が雪で完全に覆われるわけです。

これは目が見えない人間にとって、アスファルトの感覚や点字ブロックといった「足の触覚情報」を奪われることを意味します。

そんな大雪の日にゴミ捨てに行った際、家の前で道に迷いました。気づけば前も後ろも右も左も膝までの雪。玄関を出て数分のはずなのに、もはや迷子ではなく遭難者の状態。

「現在地を失う恐怖」というのは、筆舌に尽くし難いものがありました。

幸い、携帯電話を持っていたので、友人と連絡が取れ、一命を取り留めました。

またその頃は空港や駅の利用もひと苦労でした。

飛行機は、知らない間に搭乗ゲートが変わっていたり、出発時刻が変わっていたり、イレギュラーなことが頻繁に起こるからです。

案内板がよく見えず、出発ロビーを何時間もぐるぐると彷徨《さまよ》ったこともありました。

電車移動の場合でも、改札を入ってすぐのところにホームがある駅だとは知らずに、線路に落ちたことがあります。

今、完全に目が見えなくなって、1人で知らない場所を訪れることは不可能になりました。

視覚障がい者の中には、旅行が趣味で、その土地の空気感や食べ物などを楽しんでいる人も意外といるようです。しかし、目が見えない状態での1人旅はストレスのほうが多く、私はあまり楽しめません。

見えないからこそ見えないもの、できなくなったことは、まだまだあります。

大好きな映画や漫画の続編が見られなくなりました。これは本当に残念……！

例えば小学生時代から大ファンだった映画『インディ・ジョーンズ』のシリーズ。続編のパート4は見えなくなる直前の視力でかろうじて観賞しましたが、やっぱり楽しさは半分以下。

最近公開されたパート5は断念しました。会話がメインのヒューマンドラマならまだしも、アクション映画は音声だけ聞いても誰がどう跳びはねて、何がどう爆発しているのかさっぱり分からない。詳細な描写を想像することはさすがに不可能です。そういったわけで、70代のハリソン・フォードの勇姿が見られなかったことは非常に残念でした。

目が見えなくなったことで全くもって価値を失ったものもあります。

絵画や写真、サイン色紙です。

造形的なものであれば触れれば分かりますが、「色の塗り分け」は、私にとっては意味を為しません。

サイン色紙も同様で、こんな言い方はどうかと思いますが、サイン色紙も、医師免許も、重要書類も、新聞紙も、目が見えない私にとっては、ただの紙です。

「紙」と言えば、困るのが届いた郵便物を読めないこと。

白ヤギさんか黒ヤギさんか、何の知らせが誰から届いているのかさっぱり分かりません。ですから、重要な書類が混ざっていても、誰かに見てもらうまでは内容を知らずに置いておくことになります。それで書類の期日を逃したり、停電や配管工事のお知らせを知れなかったりしたことも一度や二度じゃありません。

もっと切実なことを言えば、コロナ情勢においては体温計の表示が見られないことが大いに困りました。熱っぽいかなと思っても自分が何度なのか分からない。誰かに助けを求めようにも感染の疑いがある時はソーシャルディスタンスの壁が立ちはだかる。

皮膚が変色していても、血尿や血便が出ていても、目が見えないとなかなか気づくことができないのは、1人暮らしの視覚障がい者の大きな課題ですね。

一方で、視覚障がい者の意外な一面と言える部分もあります。

ファッションやメイクなど、見た目に気を遣う人が多いことです。

上下カラフルな洋服に身を包む男性や、メイクを楽しむ女性がいらっしゃいます。

私自身も、「どうせ見えないんだから、適当な服でもいい」とは思いません。むしろ逆、身なりはきっちりしていたいという気持ちが強いのです。

その心のうちを、サザンオールスターズの名曲『いとしのエリー』の歌詞が、的確に表現してくれているように思います。


「映ってもっとbaby すてきにin your sight」

この歌詞は「あなたの視界に素敵に映りたい」という望みの表れ。

自分は相手が見えなくても、相手の視界に素敵に映りたい。

そう思うから、身だしなみを整えるわけです。そして、

「笑ってもっとbaby　むじゃきに on my mind」

目で姿が見えなくたって、心の中で好きな人に微笑んでほしいのです。

アクション映画は
音声だけ聞いても
描写を想像することが
できないため、
楽しめなくなりました。

目の見えない人に抱く「勘違い」

乗務員さんに誘導してもらって飛行機に乗り込むと、着席後に「点字」の本を渡してくださることがあります。私は点字が読めないので、「ありがとうございます」と、お気持ちだけ受け取ってお返しします。

目が見えない人といえば、盲導犬や白い杖を思い浮かべる人も多いでしょう。

ところが私、実は犬が大の苦手でして……。

子どもの頃に友達の家の飼い犬に吠えられたことがあって以来、犬がいると幽霊と出会った時のように怖がってしまう。盲導犬が安全なのは重々承知しておりますが、三つ子の魂百まで、私は連れて歩くことができません。

また白杖も、折りたたみ式のものをいつも鞄の中に持ち歩いているけれど、ちゃんとした訓練を受けたことはなく、取り出す用途は専ら周囲に事情を分かってもらうためだけです。

もしかしたら、みなさんが想像している視覚障がい者とは少しイメージが違っていたのではないでしょうか。

視覚障がい者だから、点字の本を読むはずだ！
視覚障がい者だから、盲導犬を連れているはずだ！
視覚障がい者だから、白杖を使いこなしているはずだ！

そう思われることが多いですが、とんでもない。確かにそういう人もいますが、そうではない視覚障がい者もたくさんいるのです。

「認知バイアス」をご存じでしょうか。

これは、これまでの経験や直感に基づく先入観によって、非合理な判断をしてしまう心理傾向のことで、とても簡単に言うと「思い込み」です。多かれ少なかれ誰の心にも潜んでいます。

「視覚障がい者」というのも、実にこの認知バイアスを持たれやすい存在です。

というのも、みんながみんな身近に視覚障がい者がいるわけではありません。

ですから、街中で見かけたことがあるとか、ドキュメンタリー番組に出ていたとか、漫画の中にそういうキャラクターがいたとか、記憶に残っている「一部」の視覚障がい者の印象が、そのまま「一般的」な視覚障がい者の印象として、その人の中に残ってしまうわけです。

だから実際は必要ない場面でも、視覚障がい者らしくするために、あえてサングラスをかけて白杖を持って登場する、なんてことも私はたまにしています。らしくするも何も、目が見えないのは本当なのに、なんだかヘンテコな話です。

「障がいがある人は心が綺麗だ」という思い込みが強い人もいます。

もしかしたら、障がいを乗り越えて懸命に生きる人の物語を見るなどして、そういった印象を持ったのかもしれません。

確かにそういう人もいますが、みんながそんなわけありません。視覚障がい者も人間です。イライラすることはあるし、性格が良い人もいれば、悪い人もいます。心が綺麗な人も、心がやさぐれている人もいます。それが当たり前です。

他にも、「見えなくなった分、別の能力が秀でているはずだ」という印象も多いかもしれませんね。そう思ってもらえるのは視覚障がい者にとって有り難くもあり、プレッシャーでもあります。

目が不自由なＦＢＩ捜査官の活躍を描いたテレビドラマが放映された際も、「視覚障がい者のバリアバリューを描いてくれて嬉しい」という声もたくさん聞いた一方、「こんなに超人だと思われたら困る」という当事者の声も少なからずありました。

例えば、「人間は１つの感覚が失われると、他の感覚が冴える」という定説があります。確かにこれは嘘ではありません。私自身も、音や匂い、空気の流れや踏みしめた地面に対して、目が見えていた頃よりも繊細に感じている実感があります。

しかし、それもやっぱり人それぞれ。

視覚以外のどの感覚が深まるのかも、どの程度深まるのかも、人によって違います。

深まらない人だって当然います。

バリアバリューに着目することは大切ですが、目が見えないから聴覚が優れている、触覚が優れている、と一概には思わないでください。

また、誤解されやすいこととして、目が見えない人は片づけが苦手と思われがちですが、これもまた人それぞれ。

部屋を綺麗にしている視覚障がい者だってたくさんいます。私もその1人です。かといって決して綺麗好きというわけではありません。

片づける理由は単純明快。物がなくならないようにしたり、必要な物がすぐ取り出せるようにしたりするためには、整理整頓しておくのが合理的だからです。

私には一目瞭然がありません。

部屋を見渡せればピンポイントで手に取れる物も、手探りで見つけるしかない。だから部屋にある全ての物の定位置をちゃんと決めてそれを記憶しているわけです。

例えばCDは歌手別・発売順に並べています。

ＤＶＤもシリーズ物はちゃんと放映順に並べています。

テレビドラマ『相棒』のＤＶＤもそうしているので、再放送をやっていると冒頭のシーンで「これはシーズン４の第２話だ」と分かります。

一緒にいた友人は驚きますが、そうやって憶えておかないと見たいエピソードを探す時にとても苦労するのです。


ただそう聞くと、目が見えない人は記憶力が高いのかと思われるかもしれません。

確かに、目が見えない状態で数時間の講演をする人もいるし、実際にブラインドサッカーをやっている人の脳を調べると多人数の動きや位置を記憶する能力が秀でているというデータもあるそうです。

しかし目が見えていても舞台役者は数時間の劇のセリフを丸暗記しているし、駒を使わずに頭の中の棋譜を記憶して対決するブラインドチェスをたしなむ人もいる。

だからやっぱり、みんながみんな当てはまるわけではないのです。

夜空でビルに激突するコウモリもいれば、地面の中で迷子になるモグラだっていてもよいのです。

このことを医学的に考察すると、視覚障がい者の能力が一様ではない理由として、個人差だけでなく、経験の差も考えられます。つまり、見えない世界に慣れている「ベテラン」もいれば、最近その世界に来たばかりの「ビギナー」もいる。

ベテランは、ある程度のことは自分1人でできます。だから助けを望まず1人でやりたがる人も多い。

逆にビギナーは、できることがまだ少ない分、助けを求める人も多くなります。

そういうわけで、サポートする側も、視覚障がい者だから一律の優しさ、一律の支援というわけにはいきません。「見くびらないで」と言ったり、「プレッシャーをかけないで」と言ったり、一体どうしてほしいんだと思われそうですね。

「等身大」を理解してもらうのはそれだけ難しいんだということです。それが人と人が一緒に生きていく上での厄介なところであり、面白さでもあるのでしょう。

視覚障がい者も人間です。
善人もいれば悪人もいる。
超人もいれば凡人も、
そして変人もいる。
障がいの有無にかかわらず、
人間はみんな人それぞれです。

人生のマジックアワーはいつ？

マジックアワー。それは、日没後および日の出前に数十分程体験できる薄明の時間帯を指す撮影用語です。

日が暮れる直前に、空を赤く染める夕焼けと青空が混ざり合う魔法のようなこの時間では、全ての被写体が魔法をかけられたように芸術的な輝きを放つと言います。

今思えば、目が見えなくなる最後の数年間は、人生のマジックアワーと呼べるほどに世界の全てがきらきら輝いて見えました。

特に、国家試験に落ちてから次の試験を受けるまでの1年間は、思いつく限りの経験ができ、人生で一番有意義だったと言っても過言ではありません。

例えば、ずっと会いたかった人に会いに行きました。

遠い親戚の、法医学者でありながら作家業もしているおじさん。

小説好きの私はずっと会いたいと思っていましたが、国外にいらっしゃることも多いおじさんなので、これまでタイミングを逃していました。

しかし、いつ目が見えなくなってもおかしくない状況が私を突き動かしました。待ち合わせの駅に向かう電車の車中から見た海のきらめき、食事をご一緒した横浜中華街のお店、そして突然の来訪者を歓迎してくださったおじさんの優しい笑顔。

その全ての光景を今でも鮮明に覚えているし、そのどれもが人生のハイライトのように脳裏に焼きついています。

小説と並んで大好きな「音楽」にまつわる思い出も、見えなくなる寸前のものはひとかたならぬものがあります。それこそ、医学生の頃には考えもしなかった、アマチュア野外ライブイベントへの参加がその1つ。

錦糸町の駅前広場に、出演者みんなでステージを設営しました。

自分の出番を終えて、ぼんやりライブの続きを見ていた夕暮れ時のことです。

とある女性シンガーが歌い始めると、まるで演出かのように、その歌手の背景を暮れなずむ夕映えが包みました。黄金色に輝く空とそこに映し出される彼女のシルエット。それは、その時の空気感と共に、一生忘れない黄昏《たそがれ》です。

また、精神科医になって北海道へ来たばかりの頃。着任したクリニックのある美唄市には、渡り鳥の居留地として有名な沼があると聞きました。

「マガン」という渡り鳥が、外国に飛び立つ前にそこに立ち寄るのです。

その数、数万羽。それだけの鳥が、一斉に飛び立つ光景をこの目で一度は見ておきたい。そう思った私は、休日を利用してその沼を訪れたのでした。

これは現実に起きている光景なのだろうか？　そう思えるほど、空一面を覆い尽くすマガンの大群。その景色に圧倒され、思わず歓声を上げていました。

それから数年が経ち、20代後半になると、いよいよ同じ部屋の同じソファに座っていても、見える範囲がどんどん狭くなっていきました。「今年は、これも見えなくなったな」と実感していくわけです。

まだゆいまーるにも音声パソコンにも出会っていなかったので、失うものばかりがどんどん増えていくように感じていました。残っているものをただ必死に抱きしめながら暮らす日々です。

その時に遊びに来てくれた学生時代の友人の顔、診察室の机や椅子、一緒に働いていた同僚の姿、そこに転がっている誰かが捨てた空き缶など、何気ない日常のひとコマひとコマが愛おしく感じられました。

それくらい、「いずれ目が見えなくなる」という前提が、私の目に映る景色の全てに「特別」という名のフィルターを掛けていきました。

錦糸町で見た黄昏や、マガンの大群のような非日常的な景色のみならず、どこにでもある景色の全てが、私にとっては今でも自分の歴史に刻まれる名シーンです。

まさに、病気と診断されてから、見えなくなるまでの期間は、私にとって「人生のマジックアワー」だったと思うのです。

目が見えなくなるまでの
数年の間に見た景色は
どれもが「特別」で、
今でも記憶の中で
きらきらと輝いています。

終わりの中の始まり

「私は目が見えない医師です」

障がいのことをそうオープンにした時、「人生の1つの時代が終わったな」と感じました。

それまでは、特に患者さんに対しては目が見えていないことをなるべく気づかれないように振る舞っていました。

もうとっくに見えなくなっていたのに、患者さんを不安にさせたくない、それ以上に知られたら医師として信頼されなくなる、という自分の不安が強かったからです。

また「自分は障がい者じゃない」と思いたかったのも正直な気持ちでした。

32歳で失明したそんな私がなぜ「目の見えない精神科医であること」を開示するに至ったのか。

それは38歳の時に、学生時代の先輩と再会したことがきっかけでした。

眼科医として従事されているその先輩は、私の持病である網膜色素変性症をご専門とされ、その患者さんたちを対象にした講演会を企画されていました。

そして、「講演会に一緒に出よう」と誘ってくださったのです。

精神科医の自分が眼科の講演会で話すのはおかしいと最初は戸惑ったのですが、先輩はこうおっしゃいました。

「眼科には、いずれ目が見えなくなると告知されて塞ぎこんでしまう患者さん、実際に失明して生きる希望まで見失ってしまう患者さんがたくさんいる。でも眼科は患者さんの数が多くて、眼科医は患者さんのメンタルケアにまでなかなか手が回らないのが実情。だから目が見えなくなった当事者でもあり、心の支援の専門家でもある福場に、何でもいいから話をしてほしい」

全く予想だにしていなかった白羽の矢でした。

精神科医として講演をした経験は何度かありましたが、同時に視覚障がいの当事者としてというのは前代未聞。

一体どんな話をすればいいのかすぐ私の頭には浮かびませんでしたが、それでも心は「やってみよう、やってみたい」と素直に思っていました。

先輩に了解を伝えそこからひたすら準備と練習の日々。ここまで力を注いだ講演は後にも先にもありません。

講演当日、まずは先輩が眼科医として網膜色素変性症についてお話をされ、続いて私が登壇。

自分の障がいをオープンにした人生初の講演はあっという間に終わりましたが、会場からあたたかい拍手をいただきながら、おぼろげながら確かな手ごたえも感じていました。

それまでは、「いかに網膜色素変性症に邪魔されずに目が見えている医師と同じ仕事をするか」ということばかり考えていました。

しかし、この講演をやり遂げた時に、「網膜色素変性症を相棒にして目が見えている医師にはできない仕事をすればいい」と気づいたのです。

私の医療はここにありました。

目を患った人のメンタルケアという未踏の分野。そこでなら私にしか語れないことがある、私にしか力になれないアプローチがあるかもしれない。それが私の一生をかけた研究テーマ。

障がいをオープンにしたことで、もう戻れない日々があります。確かに1つの時代が終わってしまった。

それでも終わりの中にはかならず始まりがある。

私の新しい人生は、この38歳の講演から始まったのです。

そこからはこれまでにない経験の連続でした。たくさんの町で講演をし、たくさんの原稿を書き、たくさんの人に出会いました。それは視覚障がいを隠していた頃には知らない幸福でした。

ただし私は、障がいのことや、人に言えない秘密のことを、どんどん開示したほうがよい、と言いたいわけではありません。しないほうがいい場合もあるでしょうし、するにしたって時間はかかって当然です。

私だって、病気の告知を受けた医学部5年生の時から実に15年もかかってのカミングアウトでした。基準値のデータがないのでこれが平均的かは分かりませんが、自分にとって必要な時間だったのは間違いありません。

心の変化には時間がかかります。

じわじわと、じっくりと、時には行ったり来たりもしながら心はゆっくり移ろうもの。辛い現実に直面した時に、すぐにそれを受け入れられないのは当たり前。さらにそのことを誰かに打ち明けるなんて、棒高跳びよりもハードルが高い。

だから一歩ずつでいいのです。

一歩ずつ、一段ずつ踏みしめながら、時にはその場にうずくまりながら、ゆっくりなだらかな変化の階段を上ればいい。

やがてどこかへ辿り着いた時、素直にその景色を眺めればいいのです。

精神科の外来で出会う患者さんの中には、初診してから涙が出るまでに5年かかる人もいます。

10年かかってやっと本当のことが言える人もいます。

弱さを見せない生き方を貫く人もいます。それでいいのです。


確かに私は今、「障がいをオープンにして良かったな」と思っています。

しかしそれも「今は」の話です。また何年か経った時に、「やっぱり障がいは人に言うべきではなかった」と、殻に閉じこもることがあるかもしれません。もしそうなったらそうなったで、その時の自分の気持ちも大切にしようと思っています。

心は移ろい続けるもの。思いがけない場所に辿り着いていることもあれば、結局最初と同じ場所に戻っていることもある。

でもそれでいい、それがいいのです。

心は人それぞれ、
心が変化するまでに
かかる時間も人それぞれ。
ですから、落ち込んでしまった時は、
ゆっくりゆっくり。
時の流れに心を任せましょう。

「人の痛み」は見えにくい

「視覚障がい」という1つのハンデを抱えたことで、見えるようになったことがたくさんあります。

その1つが、「人の痛み」です。

目を悪くするまで、健康な人の何気ない言葉、何気ない冗談が障がいを持つ人の心をこんなに傷つけているなんて想像もしていませんでした。そして、障がいを持つことでこんなに自分の心が葛藤するのだということも。

特に全盲になる前、弱視やロービジョンと呼ばれる段階にいた頃は、毎日が葛藤でした。完全に見えている晴眼《せいがん》でも、完全に見えていない全盲でもないという中途半端な視力の状態を自分でもうまく説明できず、なかなか周囲に分かってもらえませんでした。障がい者として気を遣われると反発したい気持ちがむくむくと湧き出てしまうし、かといって健常者として全く気を遣われないとそれはそれで腹が立ってしまう。助けてほしいのかほしくないのか、自分でも自分のスタンスがよく分からない。そんな足場のぐらついた状態では、周囲の言葉に対して、心はささくれ立ってばかりでした。

私の外来に来てくださる患者さんたちも、多くの葛藤の中にいらっしゃいます。白なのか黒なのかご自身の気持ちが分からず、うまく説明できず、もどかしくて悔しくて、そのことが余計に心にストレスを与えてしまう。

そんな患者さんと接する時、私は「言葉遣い」に細心の注意を払うようにしています。それは前述のとおり、自分自身も「言葉」にたくさん傷ついた経験があるからです。悪意がないのは分かっていても、それでも余裕のない心は言葉に傷ついてしまう。脳天気だった私が、視覚障がいのおかげで、患者さんたちが感じるその痛みを少し想像できるようになったのです。

言葉というのは取り扱いが本当に難しいですね。

患者さんたちが傷ついてしまうのも言葉ですが、精神科医が心の痛みを和らげるために処方するのもまた言葉なのです。

言葉は薬にもなるけれど、使い方を間違えると毒にもなってしまうのです。

ただし、この世に万能薬が存在しないように、こうやって話せば人を傷つけずに済む、かならず相手を癒せるなんていう万能な言葉ももちろん存在しません。

「好き」と言われて喜ぶ人もいれば悲しむ人もいる、「頑張って」と言われて元気が出る人もいればパワーダウンする人もいるのです。

そしてここで業界最大のタネ明かしをしてしまいますが、精神科医と言えど、人の気持ちなんて見抜けません。

患者さん自身も分からない本心を言い当てるなんて不可能です。

私にできることは、相手の言葉に耳を澄ませること。

そして、想像力を働かせてそこに潜む痛みを感じ取り、最良の言葉を調合して、最適のタイミングで処方することなのです。

ただ難しいのは、精神科医は優しいほど名医というわけではないということ。医療である以上目指すは患者さんの回復。毒にも薬にもならない言葉でお茶を濁し続けるだけでは成し得ない回復があります。

回復のためには、患者さんにとって耳が痛いことも言わなくてはなりません。外科における傷の縫合のように、内科における針の太い注射のように、心の治療にも痛みは伴います。精神科医は時として鋭い切っ先の言葉のメスも、副作用のリスクがあるセリフも用います。もちろんいたずらに心を傷つけないように慎重に、人間として自然な優しさも忘れずに。

視覚障がいが育んでくれた人の痛みを想像する力。いつまでもそれを忘れない自分でありたいと思っています。

人を癒すのも言葉。
人を傷つけるのも言葉。
万能な言葉はないけれど
言葉を使う時は、
ちゃんと相手の痛みを想像して。

どんなものにも良い側面と悪い側面がある

目が見えなくなって見えるようになったことは、「人の痛み」だけではありません。それぞれの事情や、それぞれの苦労もまたより鮮明に見えるようになったことの1つだと思います。

例えばある人にとっては助かるものが、ある人にとっては困る場合があるのです。

デジタル機器の発展はまさにそう。パソコンの音声読み上げソフト然り、電子拡大鏡然り、視覚障がい者も大いにその恩恵を受けています。

ですが一方で、スマートフォンやATM、セルフレジのタッチパネルは、目が見えないとかなり使いにくいです。

また、セルフのシステムが増えることで、これまではそこにいたスタッフさんの数が少なくなる。すると、ちょっとした確認や誘導をお願いしようにも頼める人が見つかりません。最近ホテルに泊まろうとした時、フロントにセルフのチェックインマシーンが並んでいたことには愕然としました。


同じく駅でも空港でも病院でも、多くの手続きがセルフになった分、手助けを求めるスタッフさんを見つけるのに苦労するようになりました。

「ご予約はスマートフォンのアプリでどうぞ」「情報はスマートフォンのサイトをご覧ください」なんて言われても、私にはそれが難しい。

優れた機能を搭載した最新のパソコンが登場することで、せっかく使い慣れた馴染みのパソコンが使えなくなるのも、私にとっては一大事なのです。

多くの人にとって便利になるように技術が進歩するのは良いこと。ただ一部の人にとってはそれで不便になる場合もあることを忘れてはいけません。そしてもちろん、視覚障がい者の事情だけを訴えてもいけません。

これは私の価値観を１８０度変えた経験。目が見えない人間にとって、助かるのが駅における音声誘導。

「チュンチュン」と鳥の鳴き声で改札の場所を教えてくれたり、「多目的トイレはこちらです」とアナウンスで教えてくれたり。

これらのおかげで私は駅を利用できると言っても過言ではありません。

しかし、私が診ている精神科の患者さんの中には、そんな誘導のための音声を恐ろしく感じてしまい、そのせいで駅に近づけないという人もいるのです。

このことを知った時、ものすごい衝撃でした。

私にとってはこんなに有り難いものが、耐えがたい苦痛になっている人もいる。

バリアフリー、インクルージョン、ダイバーシティ、ユニバーサルとなんだか難しい横文字で「誰も取り残さない社会」「みんなが暮らしやすい世界」を目指す時代だけれど、すでに眼科の患者さんにとって使いやすい駅と精神科の患者さんにとって使いやすい駅は食い違っている。

お金を下ろす時、目が見えない人にとってタッチパネルのＡＴＭは使えない。だからカウンターに人がいてくれたほうが助かる。しかし社交不安障がいで人と話すのが辛い人にとってカウンターは使えないからＡＴＭが助かる。

耳が悪い人にとっては、ラジオは大きな音が助かるけど、感覚過敏の人にとってはそれが辛いからささやかな音のほうが助かる。

足が悪い人にとってエレベーターは助かるけど、閉所恐怖症の人にとっては階段のほうが助かる。

自分とは違うかもしれないけれど、その人にはその人の事情があって、苦労があって、痛みがあります。

自分にとって良いものが、誰かにとって苦痛になる場合があります。また逆に、自分にとって不便なものでも、それがあることで助かっている人がいます。

どんなものにも良い側面と悪い側面がある。

そういうわけで誰もが暮らしやすいユートピアなんて造れない。人間は便利と不便が混在する不完全な世界で暮らすしかない。

だからこそ、相手の事情をちょっぴり察してあげられる「優しい想像力」をお互いに持つことが大切。想像力こそが共存のためのメンバーズカードなのでしょう。

もしも目が見えなくなっていなかったら、なおかつ精神科医をやっていなかったら、私はこの答えを見つけられなかったと思います。想像力は視覚障がい者にとっても精神科医にとっても求められる能力。これからも大切に育てていきたいです。

私の想像力よ、もっともっと大きくなれ。もっともっと優しくなれ。

自分にとって良いものが、
誰かにとって
苦痛になる場合があります。
みんなそれぞれの事情がある。
だからこそ心に優しい想像力を！

喪失体験はどう受け入れたらいい？

健康を失った。能力を失った。財産を失った。職を失った。最愛の人を失った。

生きていると、こんなふうに大切なものを失って強い喪失感に襲われることがあります。精神医学においても、喪失感は自殺の危険因子の1つとして知られています。

そこで、「視力」という人間にとって大きな影響力を持つ力を失った当事者として、喪失体験について私なりの考えをまとめておきたいと思います。

……と、その前に1つ但し書き。前述したように、心の変化には時間がかかります。回復には一歩一歩、その人に必要な時間をかけて構いません。今まさにお辛い状況にある方は、すぐに抜け出そうと焦らないでいただきたいのです。

これからお話しすることは、1つのヒント。必要になったタイミングで、思い出してもらえたら十分です。

ヒントその1、「小さな絶望」で希望のワクチン。

私が罹患した網膜色素変性症は、徐々に視力が失われていく病気です。

つまり、完全に見えなくなるまでに時間があり、それは真綿で首を絞められるような恐怖でもありましたが、一方で心構えや対処法を考える猶予でもありました。

ちょっと見えなくなったら、色々工夫して見えなくなった世界に慣れる。そしてまたちょっと見えなくなったらその世界に慣れていく。

……こんなふうに、少しずつ少しずつ見えない世界に自分を慣らしていくことができました。イメージとしては、大きな絶望には耐えられないので、分散した小さな絶望で痛みを慣らしていった感じでしょうか。

少しだけウイルスに感染させて抗体を作るワクチンの原理に似ている気がします。

ヒントその2、「得たもの」に着目。

常々思うことですが、何かを失うということは何かを得ることです。

「はじめに」でお話しした「バリアバリュー」を思い出してください。

見えなくなった分、できるようになることがある。私は学生時代、ギターのチューニングができない男として有名でしたが、視力を失ってチューニングマシーンの針が見えなくなると、耳で合わせるしかなくなり、なんと見えていた頃よりもチューニングが正確になりました。

耳が聞こえなくなった分、表情から細やかに感情を読み取れるようになる人がいます。身体を動かしにくくなった人にしか発揮できない思いやりだってあるでしょう。

何かを失うことは、何かを得ること。

逆も然りで、何かを得ることは、何かを失うこと。

ただ得るだけの体験はないし、ただ失うだけの体験もない。

「喪失したけれど、手にした何かもあるはずだ」

その視点こそが、喪失感を弱めるきっかけになるのではないかと思います。

とはいえ、もちろんその視点を得るのは簡単なことではありません。

大切な家族、大切な財産、大切な仕事、そして音楽家にとっての耳やマラソン選手にとっての足のように、その人にとって大切な健康。それらを失った場合は、特にそうでしょう。

「失った分、得たものがあります」なんて言われたら、怒りすら覚えるかもしれません。しかし、それでも信じてみてほしい。失うだけの体験は絶対にありません。

時間はかかるかもしれませんが、心はかならず何かを得ます。

奪われたらその分何かを意地でも摑み取りましょう。

傷ついたら傷から何かを意地でも感じ取りましょう。

失ったものだけに意識を向けると、どうしても辛くなってしまいます。

少しずつでも、「失ったもの」から「今、持っているもの」へとフォーカスをずらしていけたら。そして完全に、全部を受け入れられなくても「今の自分もこれはこれでありだな」と少しでも感じられたなら、人は生きていけると思います。

人間は全てを手に入れられない分、全てを失くすこともできないのです。

失ったものだけに意識を向けると、
どうしても辛くなってしまう。
だから、失ったものはあるけれど、
得たものはあると、思えたら。
それは立派な前進です。

「月」を視覚以外で見るには

雪なら手触り、炎ならあたたかさ、花なら香りがあるけれど、この世界には視覚でしか認識できないものがあります。

夜空に浮かぶ「月」もその1つです。

いよいよ目が見づらくなってきた頃、私の生きている世界では、夜空から「月」が消えかけていました。

当然落ち込みました。目が悪くなるごとに1つ1つ失って、ついにはあんなにも存在感の大きい物すら、私の世界からは消えてしまうのかと。

そんな気持ちに潰されそうだったある日のことです。

病院の行事で患者さんたちと海へ行きました。

ザブリン、ザバリン。

海の見える街で育った私にとって、波の音は懐かしく、そして優しく美しく、まるで昔一緒に遊んだ幼馴染みが出迎えてくれたような気がしました。

沖から浜へ、浜から沖へ、過去から現在へ、現在から過去へと寄せては返す波の音。

そのリズムはまるでフォークギターのストローク。

その演奏に心を預けていた時、ふと気がついたのです。

「そういえばこの波って、月の影響によって起こっているんだよな」と。

潮の満ち引きというのは、地球と月が引力の押し引きをすることによって起きている現象です。

だとすれば、たとえその姿を目で捉えることができなくなったとしても、決して私の世界から「月」がなくなったわけではない。

波の音を感じれば、そこに月を感じることもできる。そんな思いに至ったのです。

これは月に限ったことではありません。
この世界のものはみんな、お互いに影響を及ぼし合って存在し、多彩な現象を引き起こしています。

素敵な香りがしたのは花が咲いているから。
花が咲いているのは誰かが種を蒔《ま》いてくれたから。
一度も会うことがなくても、その誰かさんはこの世界のどこかに存在している。

私が嬉しくなったのは、あなたが嬉しそうだから。
あなたが嬉しそうなのは、空に上がった花火がとっても綺麗だったから。
見えなくても、その花火は確実に私の生きている世界にも上がっている。

こんなふうに「繋がり」を考えると、姿が見えなくても「存在」を認識することができる。

そう気づいた頃から、人の存在を認識する感覚も、変化しました。

以前までは、その人が近くにいることが、その人の「存在」を認識する大きな要素でした。ですが、その人がその場所にいなくたって、その人が残した影響というものは、案外たくさん残るものです。

「あれ？　休み時間の間に診察室の机にお菓子が置かれている。あの人が置いてくれたのかな？」

「トイレに行ったら、掃除をしたての匂いがしたなあ。スタッフさんが掃除をしてくれたんだなあ。有り難い」

誰も写っていない写真だって、撮影した人が確かにそこにいた証明。こんなふうに、誰かがそこにいた形跡や痕跡というのは、世界に無数に刻まれているわけです。

だから存在や想いは、時間も距離も飛び越える。

作者がこの世を去った後でも、人々を魅了し続ける名作があるように。

もう二度と会えなくても、ずっと心を支えてくれる人がいるように。

「一緒にいる」

「そばにいる」

「共に生きる」

それは知り合いと手を繋いでいることだけじゃない。

知らない人とだって私たちは繋がっている。

時間も距離も飛び越えて、誰かの影響を受けながら、誰かに影響を与えながら。

全ては影響を及ぼし合っています。
そばにいなくても、
私たちはみんな、
お互いの光を映し合う、
たくさんの月なのです。

どんな人でも背中はいつもあたたかい

どんな人でも背中はあたたかい。

これもまた、目が見えなくなって発見したことの1つです。

目が見えない人の誘導というと、相手の腕を摑んであげて歩くイメージが多いのではないでしょうか。

もちろんそんなふうに誘導してもらえるのも非常に有り難いのですが、多くの視覚障がい者にとっては、肩や背中に手を置かせてもらって前を歩いてもらうのが一番歩きやすいのです。

そうやって歩いてもらえると、狭い通路や物が多い場所でも、背中を通じて前の人の動きと進むルートが分かるので、安全な動き方の予測がしやすいからです。

その人が角を曲がれば一緒に曲がるし、その人が階段を上がれば一緒に上がる。そして立ち止まったなら一緒にストップ。

「背中を借りる」とはまさにこのこと。なんと心強いのでしょう。

目が見えなくなってから、これまで数えきれないほどたくさんの背中に手を置かせてもらいました。

広い背中、狭い背中、たくましい背中、華奢な背中、柔らかい背中、硬い背中。

とにもかくにも私が知ったのは、どんな人でも背中はあたたかいということでした。

だからでしょうか、なかなか人を憎めなくなった気がします。

うーん、これも視覚障がい者のバリアバリューなのでしょうか？

「なんだとー！」と、怒りたくなるような場面でも、あたたかい背中を思い出すと、つい水に流してしまいます。

仲間内のいざこざで、誰かに対する批判や悪口が耳に入ったとしても、「その人の背中もあたたかいんだよな」と思うと、なんだか憎めないのです。

患者さんたちもそう。

どんなに落ち込んでいても、どんなに辛いことがあっても、どんなに心が冷えきっていても、いつだってみんな背中はあたたかい。

触れている右手を通して、そのぬくもりは私の心をじんわり温めてくれています。

みんな、いつもありがとう。

どんなに落ち込んでいる人も、
どんなに悪いことをした人でも、
どんなに心が冷え切っていても、
人の背中はいつもあたたかい。

音が見せてくれる素晴らしき世界

目が見える人でも、音楽に浸りたい時は目をつぶります。

これはきっと、目を閉じないと聴こえない音があるからでしょう。

私はその気持ちが実によく分かります。

目が見えなくなってからというもの、何度も言うように明らかにこれまでは気づくことのなかった「音」に気づくようになったからです。

無音な場所を探すほうが難しい。それくらい、この世界には「音」が溢れています。

そして、顔や性格がみんな違うように、それぞれの音も非常に個性豊かです。

例えば、同じ機種のパソコンでも、起動する時に鳴る起動音の違いによってパソコンの判別がつきます。

ＣＤやＤＶＤも、回る時の「キュルキュル」という音がディスクによって違います。ですから、ラベルが見えなくてもその音の違いで判別ができます。

床に物を落とした時、財布、携帯電話、ボールペン、五百円玉、十円玉、立てる音はみんな違います。だからある程度は、何が落ちたのか、それで見当をつけることができるのです。

相手の顔が見えない私にとって、「声音の違い」が相手を知るネームプレートなのは言わずもがな、場所を知る手掛かりもやっぱり音です。

ＢＧＭもそう。お店によって店内で流れている曲が異なるので、それが私にとってのランドマークになります。たとえ同じチェーン店で同じ曲でもスピーカーが違うから音質が異なり、広さが違うから響き方が異なる。自分がどのスーパーマーケットにいるのか、その判断も大抵の場合、「音」によってできるわけです。

「今日はポイント10倍の音楽が流れているな」とか、「この喫茶店の選曲はやけにしっとり系だなあ」といった具合に、店内で奏でられる音はバラエティに富んでおり、私は自然にそれを意識しています。

逆に店を出た後で「さっきのお店のＢＧＭはサザン縛りでしたね」と友人に尋ねても、目が見えている彼は全く意識していなかったりして、人によって目印が異なるのは興味深いです。

スーパーマーケットの「ＢＧＭクイズ」をやらせたら、視覚障がい者は強いかもしれませんね。

ちなみにタイムトラベル映画の金字塔『バック・トゥ・ザ・フューチャー』では、同じ時代に戻って来た時は同じＢＧＭを流すという小粋な演出をしてくれています。おかげで年号表記や街並みの映像が見えない私でも、今旅している時代を自然に認識することができます。

さらに、音に集中するから楽しめるようになった世界があります。

例えば、イヤホンで聞いている音楽と、街で聞こえる音の不思議なセッション。

「ここで車のクラクションが入るか、最高！」

「隣の人の足音とドラムのリズムのシンクロがバッチリ！」

そんなふうに散歩を楽しむことがよくあります。


生活音同士のセッションもまた素敵で、工事現場の「コツン、コツン」と杭を打ち込むような音と、自分の鼓動がぴたっと一致した時には、なんだか良いことが起こりそうな予感がします。

踏切の「カーンカーン」という音は、空白のほうを先に捉えて「ンカー、ンカー」と頭の中で裏打ちに変換すると、同じ場所でも楽曲の別バージョンのような味わいがあります。

隣の犬の吠える声。

雨粒が屋根に跳ねる音。

遠くのクラクション。

誰かの足音。

自分の鼓動。

そして地球が回る音。

なんとも華やかな交響楽団です。


前にもお話ししたように、視覚障がい者は真っ暗な視界で暮らしているわけではありません。

私がいる場所に、色々な音が入ってきて世界が彩られていく。

見えていた時には聞こえなかった音や、気づけなかった共鳴は、想像していたよりもずっと豊かなハーモニーでした。

「音」が見せてくれる素晴らしき世界。深まる人生。

日を立てると書いて「音」という文字ですが、視覚障がい者にとって、音は本当に光なのかもしれませんね。

無音な世界を探すほうが難しく、
それくらい、この世界には
「音」が溢れています。
そして、それぞれの音は
非常に個性豊かです。

人生は空席を探すことが大事

広島で過ごした中学・高校時代、憧れの人は、シンガーソングライターの嘉門タツオさんでした。

嘉門さんは、私の人生に多大なる影響を与えてくれました。

「目が見えない医者」として働く上で、嘉門さんの言葉に、そして生き方に、私は救われたのです。


嘉門さんを知ったのは、中学1年生の頃。

きっかけは、当時流行っていたラジオ番組『爆裂スーパーファンタジー』でした。

その番組は、「替え唄」「こんな奴おるおる」「あったらコワイ」などのネタをリスナーから募集し、嘉門さんが1時間それを紹介し続けるというコアな内容。しかもネタの面白さによってノベルティグッズがもらえたり、スタジオに招待されたりするという お楽しみつき。自分のネタがラジオで読まれる快感がすっかり病みつきになった私はこの番組にどっぷりはまり、高校3年までの6年間、番組にネタを送り続ける「ハガキ職人」をやっていました。

そしてこれが嘉門さんへの1つ目の感謝。

ハガキ職人をしていると、日常のどんな時でもネタを探すようになります。

「何か面白いことはないかな？」と思いながら暮らすと、世の中がすごく変わって見えました。

何気ない出来事も、使い方によっては面白くなるし、辛いこととか悲しいことも、捉え方によってはネタになる。

発想次第で、世界はいくらでも楽しくなることを知ったのです。

ネタを探し続ける、というハガキ職人の癖は今でもしっかり活きていて、例えば、「これは推理小説のトリックで使えるな」とか、「この思いは曲になるぞ！」とか、さらには、「精神科の治療プログラムで取り入れてみよう」「あの人事の問題はこのアイデアで解決するんじゃないか」なんてことまであります。

ネタに昇華してしまえば無駄なことなんて何もなくなるし、どんなにツイていなかった1日も、寝る直前にネタに変われば私にとってはハッピーデーになるのです。

「目が見えなくなったこと」についてでさえ、無意識に楽しくなる発想を私は探していた気がします。

番組の最終回で嘉門さんがおっしゃった、「みなさん、これからも何か面白いことはないかなと思い続けてください」という言葉。

ネタ探しの癖を授けてくださったことを心から感謝しています。おかげで人生が何倍も楽しくなりました。

続いて嘉門さんへの2つ目の感謝はやっぱり「ギター」。

この人がきっかけで私はギターを始めました。

ラジオの番組内で、リスナーの考えた替え唄を披露する時のこと。嘉門さんが歌い出すと、すぐ同時に伴奏が鳴り出すことが中学生の私にとっては不思議でした。

音楽に無知だった私は、「事前にカラオケを用意してるのかな……」なんて思っていましたが、それは嘉門さん自身が奏でるギターの音でした。


「ギターという楽器は、歌いながらその場で伴奏をつけられるのか！　それってめちゃくちゃ楽しいじゃないか！」


中学生時代の私は大興奮。

こうして、近所の楽器店に初めて足を踏み入れた私はフォークギターを購入、そこから教則本が手垢で真っ黒になるまで猛練習しました。

その時から、ギターは私にとって人生の相棒。もちろんこの時点では将来目が見えなくなるなんて想像もしていませんでしたが、失明して１人ではどこへも行けなくなってしまった後も元気を保っていられたのは、間違いなく音楽という自由に動き回れる世界が自分には残されていたからです。

そんな『爆裂スーパーファンタジー』は、奇しくも私の18歳の誕生日に最終回を迎えました。世の中を切りとる視点を育み、音楽という一生の娯楽を与えてくれた最愛のラジオ番組から卒業し、私は東京の大学へ進学したのです。

3つ目の感謝はそれから7年後のこと。

国家試験に落ちて人生に迷っていたタイミングで、嘉門さんの新番組『ナリキン投稿天国』がインターネットで始まったのです。

前にお話しした通り、当時の私は「将来目が見えなくなったら、医師を辞めなくてはいけない」と思い込んでおり、医療の道をなかなか踏みだせずにいました。

そんな時に、大好きな嘉門さんの番組がそばにあったことは何よりの支えであり、励みでした。

7年ぶりにネタを送ると、「爆裂の時のあいつがまた送ってきた！」と嘉門さんは私のペンネームを憶えてくださっていました。

ハガキ職人ならぬメール職人となった私は中学・高校時代を凌ぐ勢いで投稿を続け、最終的には番組内でのポイント獲得が全国1位、嘉門さんのCDにネタを採用してもらえることになったのです！

この経験により、医師免許が自分の全てじゃない、たとえ途中でそれを奪われても自分には別の力もあると勇気を持つことができました。そして、北海道の病院へと旅立ったのです。まさかのタイミングで私の人生に再登場し、最後のひと押しの勇気をくださった嘉門さんに心からの感謝でした。

しかし、ご縁というのは恐ろしいもので、ここでもまだ終わりませんでした。その後の医師人生においても、嘉門さんは、私に仕事を続ける力を与えてくださったのです。

嘉門さんは純粋な歌手かというとそうではありません。じゃあお笑い芸人かというとそうでもありません。どの道にも当てはめることができない唯一無二の存在で、言ってみれば、ジャンル＝嘉門タツオのような人です。

それでは嘉門さんが、最初からその道を見つけられていたのかと言うとそうではありません。

始まりは落語家でした。

フォーク少年だった嘉門さんは、「ラジオで話せる人になりたい」と16歳で落語家の世界に入門するも、数年後に破門。せっかく手にしたレギュラー番組も失い、所属事務所との専属契約も解除されてしまいました。

お先真っ暗とはまさにこのことでしょう。

ところが、嘉門さんはそこから日本放浪の旅に出られます。そして住み込みでアルバイトをしていたスキー場のお客さんの前でフォークギターを持ち、自作のお笑いソングを披露。

この瞬間に音楽と笑いの融合という、自身の道を見出されたのでした。

旅を終えた嘉門さんは芸能事務所に契約社員として入社。営業の仕事をしながら自身のデモテープも作り続けました。

そんな時に、サザンオールスターズの桑田佳祐さんとの出会いがあり、親しくする中で「嘉門」という名前も授かり、ステージに上がるチャンスを手にします。

それからの活躍は、多くの人が知るところで、「替え唄」「鼻から牛乳」などの独自の嘉門ワールドを展開。ギャグソングを歌わせたら右に出る者がいないところまで到達されたのです。

言わずもがな、そんな本人も想定しない形での夢の実現は、まず落語家の道に飛び込んだ最初の一歩があってこそです。

「ああそうか、選んだ道で最後まで歩み続ける必要はないのか」

「ダメになったらダメになったで、また道を探せばいいんだな」

嘉門さんの生き方を通して、人生は〝途中で〟〝何度でも〟選びなおせることが、ストンと腑に落ちました。

医師を続けられなくなったとしても、きっとその時には別の道がある、だからそこまではちゃんと歩かないといけないと思えたのです。

嘉門さんについて語り出すと止まりませんが、最後に極めつきのエピソードを。

『爆裂スーパーファンタジー』が放送されていた当時、世間では次から次へとヒット曲を生み出す音楽プロデューサーが注目されていました。

そして番組内でとあるリスナーから嘉門さんに、「どうやったらあの人みたいになれますか？」と質問が寄せられたのですが……。

その時の答えが私の人生の格言になりました。

「あの人みたいになるというより、あの人がやっていないことをいかにやるかが大切。誰かが座っている椅子はなかなか空かないから、別の空席を狙ってください！　それがオリジナリティです」

嘉門さんは、声を強めてそうおっしゃいました。

これぞ、まさに嘉門タツオの生き方なのでしょう。

歌手としての椅子にも芸人としての椅子にも自分よりすごい人がもう座っている。

でもそれを融合させた椅子にはまだ誰もいない。

だからその空席に座って、座り続けるために道を極めていく。

視力を失ってもいかに他の先生と同じことをするか。

そんなことばかりを考えていた私の心に、この「空席の教え」が十数年の時を超えて響いたのでした。

そこからは他の先生がまだやっていないことをひたすら模索する日々。

精神科の中でもあまり注目されていない分野を勉強してみたり、診察室を抜け出して医師はあまり参加しないデイケアのプログラムに参加してみたり。そして音楽や文芸など、ずっと自分が好きでやってきたことを治療に活用してみることも。

うまくいってもいかなくても、そこは精神科の「正解のなさ」を逆手にとって、自分なりの医療を構築していきました。

もちろんそんなわがままが許されたのは、寛大なスタッフのみんな、そして患者さんたちのおかげです。

ついには精神科を飛び出し、自身の障がいもオープンにして、「眼科におけるメンタルケア」というオリジナリティの道を見つけられました。

嘉門さんが歌手と芸人の融合ならば、私は視覚障がい者と精神科医の融合です。

まだ嘉門さんのように道を極めたわけではありません。それどころかようやく見つけてどうにか歩き出したばかり。

それでもせっかくの空席、頑張って座り続けてみたいと思います。

選んだ道で最後まで
歩み続ける必要はないし、
ダメになったらダメになったで、
また道を探せばいいのです。
「空席」はかならずどこかで、
誰かが座ってくれるのを待っています。

人間は多面体

ボードゲームなどで使われるサイコロは、6つある面のそれぞれに、「1」から「6」までの数字が書かれています。「1」が書いてある面だけをサイコロと呼ぶのではないし、「2」と「3」の面だけを合わせてサイコロと呼ぶのでもない。6つの面、全てをひっくるめて1つのサイコロです。

私は、人間もサイコロのように、「色々な面を持つ存在」だと考えています。

どうしても大きく捉えられてしまいがちな視覚障がい者であることも、精神科医であることも、まるきり私の全てではありません。それらはただの一面に過ぎないのです。

だから私は、「精神科医の福場です」という挨拶は、できるだけしないようにしています。代わりに使うのが「私は福場将太です。仕事は精神科医です。持病は網膜色素変性症です」という言葉。

もしかしたら聞いた人は、「え？　お医者さんなの？　患者さんなの？」と戸惑われるかもしれません。ですが、それは先入観や思い込みが生じにくくなるということ。まっさらから私という人間を知ってもらうきっかけになると思っています。

これはぜひ患者さんたちにも伝えたいことですが、「診断名」というものはその人のほんの一面を評価しているに過ぎません。

うつ病の人でも足腰は元気だったり、緑内障の人でも聴力は抜群だったり、障がいを診断されたからといって全ての面が病んでいるということでは決してないのです。

心理検査や視力検査にその人の優しさやひたむきさは反映されません。

しかしそれだって確かなその人の一面であり、誇れる魅力。

医学は人間を測る無数の物差しの中の、たった一本でしかないということを忘れないでくださいね。

患者さんに限らず、役割とか肩書きとかで自分を「一面的」に捉えてしまう人はたくさんいます。ですが、そんなふうに1つの面を「これが自分だ！」と思ってしまうと、辛くなってしまう場合があります。

例えば、希望していた会社の就職面接に落ちてしまった時に、自分の全てを否定されたように感じてしまう人がいます。しかしそれは会社が求めるニーズとその人の得意技が合っていなかっただけで、その人の価値とは無関係です。

また、離婚をした時に、自分はダメな人間じゃないかと、自身の人格を否定してしまう人もいますが、結婚生活という分野は不器用だっただけで、それがその人の全てを判定するわけではないのです。

音楽の授業では活躍できなくても、体育の授業では大活躍できる人がいます。目玉焼きを焦がしてしまうくらい料理は苦手でも、掃除は得意だという人もいらっしゃるでしょう。

「自分はダメな母親だ」と思っている人も、職場では頼りになるリーダーだったり、平日の会社ではパッとしない人が、休日の家庭ではとっても良いお父さんだったり、親の前では甘えん坊の子どもが、幼稚園では何でも自分でやってみようとする頑張り屋さんだったり、人間には本当に色んな面があるのです。

人間は「多面体」です。良い面もあれば悪い面もある。好きな面もあれば嫌いな面も、優れた面もあれば劣った面もある。目立つ面もあれば、本人すら気づいていない知られざる面もあるのです。

そして、一見劣っているように見える面だって、本当に劣っているのか怪しいところがあります。

すごろくで言えば、早く進みたい時は確かにサイコロの「6」の面が優れています。

しかし早く進むことで味わえなくなるコマもありますし、ゴールまでの距離が近づいてきた時には、むしろ微調整できる小さい目のほうが必要になる。「6」が出てしまうと負けてしまう場面だってあるのです！

人間はたくさんの面を持っています。本来はどの面も大切なのに、役に立っている面が才能と呼ばれ、持て余している面が障がいと呼ばれるだけのこと。

私は白衣を着て診察室に座っている時は精神科医という支援者です。しかし一歩外に出れば誘導してもらえないと歩けない視覚障がいの当事者です。かと思いきや、音楽と文芸に没頭すれば、医師免許も目が見えないこともどうでもよくなる表現者でもあります。裏の顔はただの変質者かもしれません。「一体お前は何者なんだ」と言われても、「人間です」としか答えようがございませんのであしからず。

人間はみんな「多面体」です。
役割や肩書きに疲れた人は、
ただの自分になりましょう。
しょうもない奴で
おおいにけっこう！

支えることは支えられること

テレビドラマで武田鉄矢さんが演じた金八先生の有名なセリフに、「人という字は、人と人とが支え合っている姿を表している」というのがあるそうです。

正式な漢字の成り立ちはそうではないらしいのですが、金八先生の影響力はすさまじく、リアルタイムにドラマを見ていない私もこの解釈で「人」という漢字を教わりました。

確かに、棒に見立てた2人の人間が支え合っている姿に見えますね。

しかし穿《うが》った見方もあって、「支え合っているように見せかけて、長い棒が短い棒のほうに寄りかかっている。長い棒のほうが楽をして、短い棒は苦労している」という意見もあるそうです。

確かにそんなふうにも見えます。しかし本当にそうでしょうか。もし長い棒がいなくなってしまったら、短い棒はどうなるでしょう。

注目ポイントは短い棒も傾いているということ。

そう、お察しのとおり、長い棒がないと短い棒は倒れてしまいます。短い棒は長い棒を支えることで、自分も立っていられるわけですね。

負担は均等ではないかもしれませんが、やはり２本の棒は支え合っている、お互いの存在が必要で、どちらも相手に支えてもらいながら相手を支えている、と言えるのではないでしょうか。

もう１つ大ヒットしたテレビドラマから引用しますと、２００３年から２００４年にかけて放送された平成版『白い巨塔』の中で、大学を追われた里見先生が恩師に対してこんなことをおっしゃっています。

「診察する場を失って身に沁《し》みました。私は患者を救っていたのではなく、患者によって救われていたのだと」

医者と患者の関係も支え合いなのです。毎日の診察で、私は患者さんを支えようとしながら自分が支えられていることを痛感しています。

そのキーワードは「お荷物感」と「役に立ちたいという願い」です。

お荷物感というのは、正式な医学用語ではありませんが、「自分は迷惑をかけているだけのお荷物だ」と感じてしまうことで、うつ状態を悪化させたり、時には自殺に繋がったりもするストレスの強い感情です。

たくさん友人に助けてもらって生活し、たくさんスタッフに助けてもらって仕事をしている日々の中、ちょっとでも油断するとこのお荷物感は私の心の中でむくむくと膨らんでいきます。私がいないほうが友人は楽なんじゃないか、私じゃなくて目が見える先生がここにいればスタッフにこんな負担をかけずに済むのに……お荷物感が強まってくるとついそんなことを考えてしまうのです。

それに抗うのが「誰かの役に立ちたいという願い」。

誰かの役に立つことができれば、自分はお荷物じゃないと思える。だから精神科医という支援の仕事は、私自身の心を支えてくれているのです。漫画の神様・手塚治虫先生が生み出したあの天才外科医のブラック・ジャックもこう叫んでいます。

「それでも私は人を治すんだ。自分が生きるために！」

凡人精神科医である私もその気持ちは同じです。

「目が悪いのにお医者さんをやってるなんてすごいですね」と言ってくださる方が時々いますが、実情は全く逆。

私は目が見えないからお医者さんをやっているのです。

「誰にも迷惑をかけなかったけど、誰の役にも立てなかった人生」よりも「たくさん迷惑もかけたけど、ちょっとは役に立ったかなと思える人生」を私は生きたいと思うのです。

そして、これは患者さんも同じではないかと気がつきました。患者さんもお荷物感に苦しんでいる。誰かの役に立ちたいと願っている。

「役に立ちたい」という願いは人間の根源的な欲求です。

どんなに安全が守られても、どんなに生活に不自由がなくても、誰の役にも立っていないとほとんどの人間は虚しさを感じます。

病気や障がいのせいで仕事や家事ができていないと、患者さんはますますその虚しさを強めます。

そして支援者に支えてもらえばもらうほど、お荷物感を強めてしまうのです。

ある時、視覚障がいのことを知った患者さんが、病棟で迷っていた私を出口まで無言で誘導してくれました。

またある時は、外来で診察中に壁に貼っていたカレンダーがはずれて落下してきたのですが、私にぶつかる前に患者さんがすっくと立ち上がって受け止めてくれました。

どちらの場合も、私が思わず「ありがとうございます」と伝えると、普段はしょんぼりしている患者さんが少し明るくなった気がしました。

そうだ、患者さんたちも誰かの役に立ちたいんだ。

患者さんに元気になってもらうためには、患者さんを「支えられるだけの存在」にしてはいけない。

私が支援の仕事をしているから自分の心を保っていられるように、患者さんにも誰かの支援者になってもらわねば！

ちょうど都合の良いことに私は目が見えません。障がいを持つ医師だからこそ、私には患者さんに助けてもらえる余地がありました。

患者さんに視覚を支えてもらいながら、私は患者さんの心を支えればいい。

白衣を着ている人間の悪い癖で、「危ないから無理してしなくていいですよ」「私たちがしますから何もしなくて大丈夫ですよ」と、患者さん自身の「役に立つチャンス」を奪ってしまうことがよくあります。

しかし、「人」という文字が時には「入」に逆転しながら、支えながら支えられ、癒していたら癒されて、そんなお互い様のおかげ様の医療を目指していけたら。

親が子どもを支える動物はたくさんいます。

ですが、若い者が老いた者を支えたり、元気な者が病んだ者を支えたりする動物は人間だけ。

支え合いはとても人間らしい営みなのです。

「ありがとうございました」

そう言って診察室を出て行く患者さんに、私はこう返すようにしています。

「こちらこそありがとね」

そのうちこっちもお金を払わなくちゃいけなくなるんじゃないのかな。

支えてもらうことに
罪悪感を抱く必要はない。
支えている人も
そのおかげで立っている。
人間は持ちつ持たれつ、
お互い様のおかげ様。

第二部

見えるからこそ、
見えるもの。
見えるからこそ、
見えないもの。

有り難み、足りてますか？

目が見えなくなってからというもの、日々の中で「有り難み」を感じることが非常に増えたように思います。


こんなところに、手すりがあって有り難い。

読みたかった本が、音声図書になっていて有り難い。

タクシーで迎えに来てくださって有り難い。

電話機のプッシュボタンの「5」にポッチが1つ付いているのだって、見えない人間にしてみればとってもとっても有り難い。

目が見えていた頃には何とも思っていなかった日常の些細なことに、今は多くの有り難みを感じる毎日です。

一方で、現代はなかなかその「有り難み」を感じづらい世の中になったように思います。その理由の1つは、なんでもかんでも、すぐに手に入るからです。

「この曲が聴きたい！」と思えば、スマートフォンの検索1つですぐにその音楽がイヤホンから鳴り響きます。

映画もすぐにDVDやブルーレイになってレンタルされますし、テレビ番組だって録画予約とアーカイブ配信で見逃すということがまずありません。

欲しい本があればネットでワンタッチで注文、早ければ翌日には郵便受けに届いています。

私が子どもの頃は、欲しいものを手に入れるためにそれなりの手間と時間が必要でした。聴きたい曲を聴くために、何軒ものレコードショップを回ってその曲が収録されたCDを探しました。

目当ての本が地元になければ、隣町の本屋さんまで巡りました。

テレビ番組も、一度見逃したらもう二度と見られない、それが当たり前でした。

友達からCDを借りたって、60分のアルバムをカセットテープにコピーするには、60分かかったものです。

現代の子どもたちには信じられない世界かもしれませんね。

ただ私にはそれが普通だったので、特に不便とは思いませんでしたし、逆に今の世の中を「便利過ぎる」と感じてしまいます。


確かに今は何でもすぐに手に入る。

いくらでも手軽に録画や録音ができる。

でもそうやって手に入れて、結局見ていない映画のDVDがどれだけあることか。

ひとまずダウンロードして、未だに聴いていない曲がどれだけあることか。

読まずに積み上げられた本がどれだけあることか。


子どもの頃、ようやくのことで手に入れたCDや漫画本は何度も何度もくり返し味わいました。

もう二度と見られないから、テレビ番組を食い入るように見ていました。

どうしても家族旅行でテレビが見られない時は、泣く泣くあきらめて、週明けにその番組を見た友達から話を聞いて想像しました。

それくらい、全てに「有り難み」があったのです。

だからでしょうか。あの頃見たもの、聴いたもの、読んだものはどれも鮮明に憶えています。偶然ラジオから流れてきただけの、誰の何ていう曲かも分からない、そんなたった1回だけ聴いた歌声が、今でもしっかり心に焼きついていたりするのです。

とある俳優さんが「DVDになって何度も楽しんでもらえるのも良いけど、生の舞台でたった1回だけの演技を見てもらいたい。役者は一瞬にして消えていく、だからこそお客さんの心に残る」とおっしゃっていました。

現代に溢れている、いつでも気軽に観賞できる便利な作品たち。

もう記憶の中にしかない、人生でたった1回しか味わえなかった不便な作品たち。

心に焼きついているのは圧倒的に後者。

やはりこれは「有り難み」の差なのでしょう。

あなたは普段の生活の中に、どれだけ「有り難み」を感じていますか？

文明論でもよく議論されるところですが、便利な暮らしだから豊かな暮らしだとはかならずしも言えません。

すぐに手に入るから、手にした時の喜びを感じることが減ってしまう。

何度でも手に入るから、失うことへの恐怖が抱きにくくなってしまう。

そして、いくらでも手に入るから、記憶に残りにくく、次から次へと新しいものが欲しくなってしまうのです。

なんだかあんまり満たされていない感じですよね。

ここで精神科医の知識を少々持ち出します。

精神科の専門である「依存症」という病気。

これはお酒や薬物、ギャンブルや買い物などが「止められなくなる」、もっと正確に言えば「ちょうどよく楽しめなくなる」難病ですが、この依存症発病のリスクにも「手に入りやすさ」は密接に関連しています。

コンビニで24時間お酒が手に入る、店まで行かなくてもスマートフォンで馬券が買える、商品の購入や支払いができる。

ベッドの中でもトイレの中でもゲームができる。

ワンタッチで友達や恋人、不特定多数の人とつながりが持てる。

手軽にできればできるほど、脳のブレーキがすり減って、依存症に罹患《りかん》しやすくなるのです。

ダイエットでもそうですよね。目の前にある冷蔵庫にケーキが入っている状態でそれを我慢するのはかなり大変。でも1キロ先のケーキ屋さんまで買いに行かなくてはならないとなると、面倒くさいからもういいやと思えるのです。

依存症からの回復には、「自分にとって大切なものに気がつく」ということが重要になります。もっと刺激を、もっともっと快楽を、と求めてばかりいた心が、日常の中にある「有り難み」に気づけた時、依存から解放されるのです。

裕福と幸福はかならずしも相関しません。

手に入らないものがあって、不足があって、でもだからこそ人は自分が持っているささやかなものに有り難みを感じることができる。滅多にないことだから、たった1人の人だから、かけがえがないと思うことができるのです。


目が見えるのは良いことです。

目が見えるから味わえる喜びはたくさんあります。

言うなれば現代は、世の中の目が少々良くなり過ぎてしまって、手間と時間をかけなくても、何でも見られる、何でも手に入れられる社会です。

でも一方で、失われてしまった「有り難み」もたくさんある社会です。

だからこそまずは、1日の中で1分1秒でも長く、便利過ぎるこの世の中がかつては当たり前ではなかったことを思い出してみていただきたい。

テレビを録画できない時代もあった、手紙が相手に届くのに1週間かかる時代もあった、ここで別れたらもう二度と会えない時代もあった、その日の食事にありつくのだって難儀な時代もあったのです。

私のような目が見えない人間にとっては、全ては手に入らないこと、手に入れるためには手間と時間をかけなくてはいけないことが現代でも当たり前です。

だからたくさんの「有り難み」を感じながら暮らしています。

目が見えているみなさんは、野山を自由に散策することも、ぶらりとウインドウショッピングすることも、大切な人の笑顔を見ることもできます。その有り難みを、どうか忘れないでください。

決してそれは当たり前ではないのですから。

便利だから豊かとは限らない。
裕福だから幸福とは限らない。
有り難みを忘れないためには、
手間と時間も必要です。

見えているからこそ、ちゃんと見ましょう

本書を読み進めてくださっている方、そろそろ中だるみしてきませんか？　１つここでクエスチョンです。

「ＤＭ」とは何の略でしょう？

どうです？　何か思いつきましたか？

「そりゃ糖尿病のことでしょ」と思ったあなたは医療関係者かもしれませんね。「え、ダイレクトメールじゃないの？」と思ったあなたは、事務職の方かな。

「こいつはディーメジャーだぜ、ベイベー」と思ったあなたは夢を追い続けるバンドマン、「被害者が残したダイイングメッセージですよ、ワトソンくん」と思ったあなた

は名探偵に憧れるミステリーマニア、「もちろんわたしのイニシャルだよ」と思ったあなたの名前はドナルド・マクドナルドさんでしょうか。

　このように、物事には無限の解釈があります。

　そして自分にはそうとしか思えなくても、他の人は全く違うことを思っていることがしょっちゅうあるのです。

　特に日本語は同音異義語だらけなので、耳での勘違いが非常に多い。

「精神《せいしん》科《か》医療《いりょう》を受けました」が「精神改良《せいしんかいりょう》を受けました」に聞こえて「脳手術でもしたのか？」と思ったり、「ありのまま」と聞いてレットイットゴーかと思ったら女王アリの話だったり、「疑われてますよ」と警察の捜査のセリフかと思ったら「歌が割れてますよ」とレコーディングエンジニアのセリフだったり、「感染者多数」と聞いてコロナの報道かと思ったらサポーター満員御礼のサッカーのニュースだったり、「子どもたちにアイスが足りない」とおやつの話かと思ったら「『愛す』が足りない」という子育て指導の話だったり、「ジョージ・マッケンジーです」と聞いて外国人かと思ったら「城島健司」という名前の日本人だったり、そういった誤解・勘違いは日常茶飯事です。

子どもの頃、父親が「シカイシカイノシカイをやった」と聞いて、司会を3回もやったのかと思ったら、「歯科医師会の司会をやった」という話でした。

そして耳の「聴覚」と同様、目の「視覚」もまた、人によって解釈が変わり、非常に勘違いを起こしやすい感覚です。

「え？　見えているものは、誰がどう見たって一緒でしょ？　人によって見えるものが変わるなんて、そんなわけない！」

そう思われるかもしれませんが、例えば次の文字をあなたはどう読みますか？

・東大助教授
・ここではきものをぬいでください
・私が行ったコンサート

「あずまだいすけきょうじゅ」に見えた人もいれば、「とうだいじょきょうじゅ」に見えた人もいるでしょう。

「ここで履き物を脱いでください」と玄関を想像した人もいれば、「ここでは着物を脱いでください」と脱衣所を想像した人もいるでしょう。

「私がいったコンサート」と観客側の話と思った人もいれば、「私がおこなったコンサート」と演奏側の話と思った人もいるでしょう。

文字の読み間違いだけではありません。

心理学の本にもよく載っている、ワイングラスにも向かい合う2つの顔にも見える絵、おばあさんの顔にもそっぽを向いた若い女性にも見える絵をご存じの方も多いでしょう。

そんなだまし絵じゃなくても、例えばスポーツカーの助手席で女性がハンバーガーをかじっている日常のスナップ写真があったとします。

車に興味がある人は車種に注目するでしょうし、女性に興味のある人は彼女の容姿に注目、お腹が空いている人はハンバーガーに注目します。そして自分の注目しなかったことについては後から質問されてもあまり憶えていません。

つまり「視界には入っていても見ていなかった」というわけです。

このように、視覚というのは実に心の影響を受けやすい感覚。

視力が良い、悪いにかかわらず、「何に注目しているか」によって見えるものが全然違ってしまうのです。

視覚という感覚には無意識の「額縁」がついてしまうわけですね。

人は視界の中から「見たいものだけ」を額縁に入れて、心の壁に飾ります。額縁に入らなかった景色は、そこにあるのに見えていません。

あなたは見ていますか？　視界に入れているだけでちゃんと見ていないことはありませんか？

「うちの夫は、床にゴミが落ちているのに、全然拾ってくれない！」

そう嘆いているのは本書の編集者の奥様ですが、それも致し方なし。

確かにゴミは落ちているのでしょうが、彼の額縁には全く入っていないのです。見えていないから拾うはずもない。その分、彼のファインダーはいつも奥様にフォーカスしている……かどうかは直接ご本人にご確認ください。

目が見えている人には見えているからこその死角があります。

しかし、その死角はなかなか自覚できません。それは決して鈍感だからではなく、そもそも見えていないものを「自分にはそれが見えていないんだ」と気づくはずはないのですから。

だからこそ、「見えているのだから、なんでもかんでも見えている。分かっている」と過信しないよう心がけましょう。視覚に障がいはなくても、自分には見えていないこともあると思っていたほうが、大切なものを見落とさずに済みます。

見えているからといって、
なんでも
見えているわけじゃない。
なんでも
分かっているわけじゃない。

自分の持つ「超能力」に気づいてますか？

ここまで視覚障がい者のバリアバリュー、すなわち「見えないからこそのメリット」をたくさん紹介してきましたが、目が見えない人間からすれば、「見える」というのはやっぱりすごいことです。

私にとって目が見えている人は、もはや超能力者なのです。だって私にとっては不可能に近いことも、一瞬で成し得てしまうのですから。

例えば「探し物」。世の中には失くした物をすぐに見つける名人がいますが、目を使わずにそれをするのは至難の業です。

机の上に1枚のコインが置かれていたとしましょう。これを探す際にも目が見えていれば文字通り一目瞭然、一瞬で、ピンポイントでつかみ取ることができます。
しかし目が見えないと手で机の上を端から端まで探し回らなければなりません。その手が当たってコインが床に落ち、なおかつコロコロ転がって行ってしまったりするともはや絶望的。耳をそばだててコインの消息を追うも、まるで蒸発したようになかなか想定した場所にはいてくれず、今度は床の上を端から端まで手を使って探し回ることになるのです。

目が見えていれば、部屋を見渡してキラリと光るコインを拾えばいいだけのこと。私のように手のひらをホコリまみれにする必要はありません。

第一部でもお話ししたように、部屋を整理整頓しておけば、ある程度は「探し物」の大変さを軽減することはできます。しかし屋外ではそうはいきません。

特に大変なのがスーパーマーケット。私には、どこに何が並んでいるのかさっぱり分かりません。レトルトカレーのコーナーに辿り着いても、パッケージはどれも似たり寄ったり、文字通り見分けがつかない状態です。

レトルトカレー以外にも、スーパーには、形状が似ている商品が盛りだくさん。ペットボトルは言うに及ばず、紙のパックだってフルーツジュースも、飲むヨーグルトも、コーンポタージュスープも、基本的には牛乳と同じ形をして同じ棚に並んでいます。愛してやまない激辛レトルトカレーの『LEE』についてはさすがにパッケージの感触を憶えましたが、それでも辛さ10倍と20倍の違いまでは判別不能。カップラーメンやカップ焼きそばもそう、缶詰もお肉やお刺身のトレイもそう、冷凍食品もそう、感触だけで判別するのは難しいです。

それにあんまり撫で回していたら万引き狙いの不審者と疑われてしまいますし。今でこそ買い物は優しい友人が付き添ってくれるので、彼の策略でスイーツを買わされることはあっても、間違った商品を買ってしまうことはなくなりました。なので一番大変だったのは、まだかろうじて残っていた視力を頼りに1人で買い物をしていた頃です。

帰宅して食べる時までおにぎりの具は分かりませんでしたし、玉子サンドかツナサンドかも賭けでした。同じ弁当や同じサラダを複数買ったことも何度もあります。

目が見えていれば、仮に同じ形状の商品でも、色の違いや説明表記で判別できます。しかし見えていないと、一体どっちが自分の目当ての物なのか、それはまるで時限爆弾の解除で赤と青のいずれのコードを切るかのごとく、どんなに迷っても決め手がなければ、最終的には選択を天に任せるしかないのです。

そんなわけで運試しに溢れた私の日常。まあブロッコリーとカリフラワーはもともと違いが分からないので、どっちに転んでも良いのですが、サラダ油と間違って台所洗剤で目玉焼きを焼いてしまった時には、その驚異の味にのた打ち回りました。

ただ私がお伝えしたいのは、自分がこれだけ大変だということではなく、目が見えているみなさんはそれだけすごいことをやっているんだということです。

やはり、目が見えるというのは超能力。

見えるからこそ見えるもの、分かることがたくさんある。

自信を持ってください。誇りを持ってください。あなたはすごい力を持っているんです。それは決して当たり前なことではありません。

視覚障がい者にとって、
スーパーマーケットでの買い物は
もはや運試し。
パーフェクトに
所望の品を揃えられる、
目が見える人は超能力者！

拝啓、五感プロデューサー様

シックスセンスはひとまず置いておいて、人間は視覚・聴覚・味覚・嗅覚・触覚という五感を用いるわけですが、五感メンバーの中で一番出しゃばり癖があるのが「視覚」です。

せっかく音や香りが自己主張しても、視覚のインパクトで目立つことができない。

逆に言えば、視覚が謙虚に引っ込んでくれれば、他の４つの感覚が大いに引き立てられるのです。

私は完全に目が見えなくなってもう10年以上経ちますが、以前よりも残りの４つの感覚が頑張ってくれているように感じます。まるでメインボーカルは脱退したけど、残りのメンバーで活動を継続して新たな人気を博しているバンドのようです。

第一部で音が織りなす素晴らしい世界のお話をしましたが、味覚・嗅覚・触覚も、改めて心を傾けてみると、とても味わい深いものです。

みなさんがなんとなく歩いている道路。

足の裏の触覚に集中すると、完全に平坦な道はないことに気づきます。ちょっとゴツゴツしていたり、わずかな傾斜があったり、意外な弾力があったり、ほのかな熱感があったり、さまざまな表情を見せてくれます。点字ブロック以外にも、道路にランドマークはたくさんあるのです。

対して嗅覚はメモリーマーク、一番記憶との繋がりが深い感覚です。

認知症のおじいさんにとって、写真でも音楽でも戻らなかった記憶が、懐かしい香りで蘇ったなんて実例もあるそうです。

私も、目が見えていた頃に通っていたカレー屋さんに十数年ぶりに入った瞬間、「あ、ここだ！」と香りで当時の店内の光景がフラッシュバックした経験があります。これはプルースト効果と呼ばれ、実際に研究もされています。

五感メンバーの中で普段は一番地味な嗅覚ですが、実は香りが含有している情報量は膨大なのです。


そして味覚も奥深い。

ワインを口に含んだソムリエさんが、ボトルのエチケットを見ずに銘柄を当ててしまうブラインドテイスティングは有名です。

私も目が見えなくなってから、前よりも料理の味に集中するようになりました。

確かに見た目も料理の味わいですが、逆に見た目に誤魔化されてしまうことも少なくありません。純粋に味覚だけで料理を味わうと、これまでは気づかなかった味の奥深さに気づきます。「シェフ」という名の芸術家が料理に施した巧妙な仕掛けに、私は思わず舌を巻き、そして舌鼓を打つのです。


精神科医になって勉強して驚いたのですが、この「視覚以外の感覚をじっくり味わう」という行為は、マインドフルネスという手法で実用されていました。

簡単にご紹介しますね。

人間が後悔をするのは過去を思い出してしまうから。

不安になるのは未来を考えてしまうから。

過去や未来ではなく、ただ「今」だけに意識を向ければ、心は満たされて後悔や不安は弱まっていく……というのがマインドフルネスの基本です。

日本の禅寺で行われる座禅も同じ理屈。目を閉じて、今感じるものだけに意識を向けることで、気持ちを落ち着かせることができるのです。


ご興味のある方はぜひやってみてください。本格的な瞑想でなくても、心がざわめく時は目を閉じて他の4つの感覚に集中してみましょう。耳を澄ませて、舌を使って、鼻を利かせて、肌を研ぎ澄ませて。

空気清浄器の唸《うな》り、時計の秒針の音、口に残った歯磨き粉の味、唾液の甘さ、ワックスの匂い、コロンの残り香、シャツの生地の感触、流れる空気の肌触り。

雑多に思えた感覚世界をゆっくりじっくり紐解くことで、こんな成分も含まれていたのか、こんな味も隠れていたのかと、発見がたくさんあるはずです。世界は思っていたよりもずっとずっと奥深い、その味わいに心はそっと安らいでいくのです。


拝啓、五感プロデューサー様。

あなたは五感のメンバーをちゃんと全員大切にしていますか？

出しゃばりな視覚くんばかりに活躍の場を与えていませんか？

たまには視覚くんを引っ込めて、他のメンバーの素晴らしい演奏も聴いてあげてください。機嫌を損ねて脱退しちゃったら大変です。

目を閉じて、丁寧に丁寧に「何気ない今」を味わいましょう。じっくりじっくり味わったその先には、さらに新たな味わいが訪れるかもしれません。

ああなんて贅沢な時間。

1つの感覚を研ぎ澄まして、
この世界を丁寧に丁寧に
味わってみる。
これぞ贅沢の極みです。

心のお引越しはいかがでしょう

先ほども少しだけ触れましたが、精神医学の中で私が最も興味を持っているのが「依存症」という病気です。

依存とは頼ること。何かに頼る、誰かに頼るというのは本来とても良いことで、依存すること全てがいけないということでは全くありません。

ただ依存の度合いが強過ぎてそれなしでは生きていけなくなってしまった場合、依存することで生じる問題があまりにも多い場合には、「依存症」という病気として治療が必要になるのです。

残念ながら、一度依存症になってしまうと「またちょうどよく頼る」ということは難しくなります。アルコール依存症の患者さんであれば、10年お酒を止めたからもう大丈夫だろうと飲み始めれば、また止まらなくなってしまうことがほとんどです。現時点では一度緩んでしまった脳のブレーキを修理する手術や特効薬は開発されていません。

患者さんと一緒に依存症の勉強会を行っていた私は、ある時、依存症と自分の持病である網膜色素変性症が、とても似ているなと思いました。心の病気と目の病気、似ても似つかぬと思われるかもしれませんが、意外な共通点があったのです。

1つは共に不治の病であること。もう1つは、治せなくても居場所を変えることで克服できるということです。

「依存する」とは言い方を換えれば「居場所がある」ということです。

人間はみんな弱いし寂しい、色々嫌なことも起きるし、今の自分は思い描いた自分じゃない。そんな辛さや虚しさを癒してくれる居場所が誰にでも必要です。

そしてアルコール依存症の患者さんにとっては、それがお酒を飲んでいる時だったということです。

本来ならずっとその居場所にいられたら良かったのですが、残念ながらこのまま居座っては健康も生活もボロボロになってしまう。それでもなかなかお酒が止められない気持ち、ちっともおかしくありません。

あなたにとって譲れない楽しみや最愛の人の存在を思い浮かべてみてください。そんなかけがえのない居場所を、そう簡単に捨てられますか？　明け渡せますか？

第一部でもお話ししたように、人間は支えがなければ生きていけない動物です。依存症はたまたま頼り方が不健全になってしまった、頼ってはいけない相手に頼ってしまっただけで、とても人間らしい営みに起因する病気なのです。

私は音楽と文芸が大好きです。ストレスが溜まった日は、仕事の後で誰もいなくなった待合室で数時間ギター弾き語りをすることでストレスを発散しています。そして現実で叶わないことは、小説の中で表現することで心のバランスを保っています。

もし弾き語りは健康被害が大きいので今後禁止、推理小説の執筆は違法になったので今後禁止なんて言われたら、生きていけなくなってしまいます。

居場所は誰にでも絶対に必要。

だから依存症を克服する方法は居場所から追放することではなく、新しい居場所、頼っても害の少ない健全な居場所へお引越しすることなのです。

その「新しい居場所探し」こそが、依存症治療のメインになります。

そしてこの「新しい居場所探し」が網膜色素変性症にも有効。

見えなくなった目はもう治せない。「目が見えていた世界」に居座り続けても辛くなるだけ。だから大切なのは、新しい居場所へお引越しすること。

少し寂しいかもしれませんが、目が見えなくても生きていける新世界、喜びを感じられる新大陸の発見こそが、この不治の病の治療法なのです。

「断酒会」という会をご存じでしょうか。

依存症からの回復には、同じ苦労を持つ患者さん同士の語り合いが効果的とされ、定期的に集いが催されています。この集まりもまた、患者さんたちにとってお酒に代わる新たな居場所の1つなのでしょう。私にとって「視覚障害をもつ医療従事者の会ゆいまーる」の集いが、心を支える大切な居場所であるように。


あなたの居場所はどこですか？

自分にとって憩いの居場所を大切にしましょう。ささやかな居場所でも派手な居場所でも大いに結構。人様に迷惑をかけない限り、健康や生活を脅かさない限り、そこはあなたの居場所なのです。

ただどんな居場所でも、時々居心地が悪くなることがあります。火事になって住めなくなることがあります。

ぜひ本宅の居場所の他に、離れや別荘の居場所も持っておきましょう。

健全な「依存」を病気の「依存症」にしないためには、頼り先がいくつかあるのが一番安全です。

「依存している」とは、
「居場所がある」ということ。
もしも今いる場所が苦しいなら、
引越しも検討してみましょう。

SNSって、見る必要ありますか？

「視覚障がい者」は「情報障がい者」だと言われます。

それは目が不自由だと必要な情報が得にくいからです。

確かに空港や駅で電光掲示板が見えなかったり、町内会の回覧板が読めなかったりで、情報不足になることはよくあります。

情報は社会で生きていく上で必要な栄養。

栄養不足はお体によくありませんよね。ただ忘れてはならないのは、栄養過多でもお体に悪いということ。人間は低栄養でも過栄養でも健康を害してしまうのです。しかも、お体だけでなく、心の健康まで。

私が近年ひしひしと感じているのは情報の過剰摂取、「みんな、見なくてもいいものを見過ぎているのではないか？」ということです。

目が見えるおかげで色々な情報がキャッチできる、でもキャッチし過ぎて具合が悪くなっている人、本当に必要な情報を見落としている人が増えています。

例えば目が見えない私の場合、インターネットで1つのサイトを開いて音声読み上げソフトで聞いてみると、広告だったりお薦めだったりの読み上げが延々と続き、見たかった記事に辿り着くまでに何分もかかることがよくあります。

目でこのページを見ている人からすれば、これだけの情報が一気に視界に飛び込んでくるわけで、とんでもない負担だと思います。

「情報化社会」と叫ばれてもうどれくらい経つでしょう。

インターネットの普及で数え切れない情報が溢れ返っている昨今。欲しい情報がたくさん手に入るのはメリットですが、溢れ返り過ぎて見なくてもいい情報、見たくない情報まで飛び込んできてしまうのはデメリットです。

おぞましい事件や深刻な不況を伝える報道。目を覆いたくなる災害や戦争の映像。もちろん社会情勢の把握は大切ですが、過剰に演出された情報は不必要に不安や怒りをあおります。

そして今や当たり前となったSNS。もちろんそれによって懐かしい人と再会できたり、仲間の輪が広がったりと良い面もあることは知っているのですが、私はどうしても心に悪影響を与えている面に着目してしまいます。

自分は独りぼっちなのに、SNSを見ると今楽しく仲間とパーティをやっている人たちがいる。

自分は貧しくてひいひい言っているのに、SNSを見ると高級外車を乗り回している同世代がいる。

そんな幸せそうな投稿にストレスを感じてしまう人は少なくないと思います。

また逆に、死にたい気持ちや消えたい気持ちの書き込み、または実際に手首を切る映像や薬をあおる映像の投稿もあったりして、やはり見た人はストレスを感じてしまうでしょう。

精神科医としても視覚障がい者としてもあえて問います。

「それって見る必要ありますか？」

目が見えない私はＳＮＳを一切見ませんが、特に支障なく生活しています。

だからＳＮＳは絶対に必要な情報ではないというのがまず一点。

そしてもう１つ、演出された嘘の情報かもしれないこともお忘れなく。

普通のことを普通に投稿したって意味がない。

パーティの映像なら楽しさを、高級外車の投稿ならリッチさをアピールしてなんぼ。

写真は等身大ではなく、もしかしたら撮影を終えた瞬間に暗い顔になってパーティは盛り下がっているのかもしれない、高級外車は展示品かもしれないのです。

私はＳＮＳの全面禁止を訴えたいわけではありませんが、嘘や演出も過剰に含んだメディアであることはどうかお忘れなく。

視覚情報というものはどうしてもインパクトが強く、信ぴょう性が高いような気がしてしまいますが、それは本当に気がするだけ。

見極めなければ簡単に騙されてしまいます。真に受けやすい人、見ることでストレスのほうが多い人は、無理して見なくてよいと思います。

また、ＳＮＳに悲しみや苦しみの投稿をしている方。

もしかしたらそれは演出ではなくて本当の叫び、心からのＳＯＳなのかもしれません。ただＳＮＳは本物と嘘の見分けがつきにくいメディア。冗談の「助けて」も本心の「助けて」も同じに見えて、せっかくのメッセージが埋もれてしまいます。

もしあなたが本当に助けを求めているのなら、ＳＮＳよりも生身の人間にすがってほしいと思います。もしかしたら周囲の人間が誰も信用できなくてＳＮＳに書き込んだという方もおられるかもしれませんが、そこは真剣に助けを求める場所としては不適切です。

運良く誠実な支援者に届くこともあれば、運悪くそれを利用しようとする悪人に届くこともある。大変かもしれませんが、あなたの目で見た生身の人間に、あなたの生身の手を伸ばしてほしいと願います。

視覚障がいのおかげで、仕事上で話は聞いていても、直接ＳＮＳを見たことはない私です。井の中の蛙かもしれませんが、なんとなくＳＮＳの中のほうが井戸の中よりも狭いような気がします。

くり返しますが、ＳＮＳに触れなくても私には何の支障もありません。

依存症の件でもお話ししましたが、ＳＮＳがあなたの憩いの居場所なら良いのですが、どうもそうではなくなってきた、健康や生活に支障を及ぼしてきたと思ったら、新しい居場所へお引越しするのも選択肢です。

栄養も情報も適切に摂取してこそのもの。

もうお腹いっぱいで吐きそう、お腹を壊している、それくらい情報過多に苛《さいな》まれているのなら、思い切って目を閉じてみましょう。

そう、シャットダウン。

情報の８割が視覚から飛び込んでくるのなら、目を閉じれば過剰摂取は抑えられます。たった１日やってみるだけでも全然違いますよ。

ネットから離れた世界には平穏な時間が流れています。

いや、平穏どころか、本当に大切な情報がそこにいくつもあります。

スマホをダラダラ見ていたことで見逃していた家族の表情。

気づかなかった季節の移ろい。

誰かの優しさ。


スマホの画面から、少し視点をずらせば、愛する人の笑顔があるかもしれません。

子どもたちのＳＯＳサインがあるかもしれません。

ネット上の情報と異なり、家族の大切な情報はその時にしか得られません。後からアーカイブ配信されません。見逃してはいけないのはこちらです。


強制的に見せられる過剰な情報。見えているからこそ見過ぎている不必要な情報。

そのために見落としてしまう、見失ってしまう本当に大切な情報。

あなたの情報摂取量は適切か、これを機に見直してみてください。

ＳＮＳの情報を
見られなくて困ったことは、
私は一度もありません。

幻想（ファンタジー）も大切に

割れたコップがある日突然、元の姿に戻るなんてことはない。

アスファルトの上で転べば痛い。それで擦り剝いたら血も出る。

私たち人間は、そんな現実（リアリティ）の世界を生きています。

決して、幻想（ファンタジー）の世界を生きているわけではありません。


実はこのリアリティとファンタジーは精神科医にとってとても重要なキーワード。

例えば妄想などの症状によって現実を誤認している患者さんを「リアリティが低下している」と表現したりします。

しかし、そもそも何が現実なのかを見極めるのは精神科医にとっても難しいこと。

この世には「絶対有り得ないこと」も「絶対間違いないこと」もなかなかないのです。

だからどうしても、「分かりやすい数字のデータ」や「複数の目撃情報」など、目に見えるものが現実判定の根拠にされがちです。

ただし、かならずしもリアリティとファンタジーを明確に線引きしなくてはいけないかというとそうでもなく、例えば目が見えない私が生きている世界では現実と幻想が激しく入り混じっています。

第一部でもお話ししたように、視覚障がい者は視覚想像者。

真っ暗闇を生きているのではなく想像したカラフルな世界を生きています。

そして私の場合、当然目が見えなくなる前から顔を知っている人はその顔で思い浮かべますし、目が見えなくなってから出会った人は完全に想像の顔で思い浮かべます。

職場で朝礼をしていても、そこに集ったスタッフは、現実の顔の古株さんもいれば幻想の顔の新人さんもいるわけです。服装に関しては完全に私のコーディネート、院内の色調も、窓から見える景色も全て私の想像です。

改めて考えると、私の世界にはファンタジーの成分のほうが多い気がしますね。

ではこれは治療しなくてはいけないのでしょうか？　そんなことはありません。

なぜならば困っていない、生活に支障がないからです。

私が想像している顔がイケメンでも京美人でも、コーディネートしている服がジャージ上下でも十二単《ひとえ》でも、仕事をする上で何の問題もないのです。

精神科医療では、患者さんの問題を「疾病性《しっぺい》」と「事例性」に分けて考えます。「疾病性」とは病気かどうかということで、「事例性」とは問題が起きているかどうかということ。

優先順位が高いのは……もちろん後者です。

仮に病気であったとしても、幻覚や妄想があったとしても、それで本人も周囲も困っていないのなら精神科医は何もする必要はありません。

地動説でも天動説でも別に生活に支障はなし、どっちがリアリティでどっちがファンタジーかなんて判定する必要はないのです。

あなたが楽しく暮らすために、目に見える確かなもの（リアリティ）が必要ならそれを大事にしてください。逆に目に見える確かなものばかりに押しつぶされそうな人は、目に見えない不確かなもの（ファンタジー）も大切にしてください。

一番大切なのは、あなたが元気な心で楽しく暮らせることなのですから。

現実と幻想はどれくらいのバランスが良いのだろう？　そんなことを考えていたある時、医局の飲み会にて院長先生が素敵な言葉を教えてくださいました。

それは「アウフヘーベン」という言葉です。相反する2つのものを、どちらも諦めさせることなく、上手いアイデアで両方成立させることを言うそうです。

人間には確かに現実を見極める力が必要。でも同じくらい幻想を描く力も必要。大切なのは現実と幻想のアウフヘーベン。これこそが、幸せの1つの答えなのかもしれませんね。

そんなファンタジー成分多めの私ですが、見失ってはいけないリアリティが1つだけあります。それは、たくさんの人たちの優しさとサポートのおかげで自分は存在できているんだということ。これだけは絶対に間違いない現実です。

現実（リアリティ）を見て
生きなくてはいけない。
でも元気な心でいるためには、
幻想（ファンタジー）もないと
生きられない。

歳なんて聞くもんじゃない

もしもこの世界に自分を映す鏡が存在しなかったら、人はいつから「老い」を実感するのでしょうか。

どうしてそんなことを考えたかというと、正直、目が見えなくなってからというもの、「老い」を感じることがほとんどないからです。

私には、本来経年劣化していくはずの自分の顔も相手の顔も見えません。目がしっかり見えていたのはもう20年前なので、きっと友人も家族もそれなりに老けているはずですが、私にはそれを知る術《すべ》がないのです。

若い頃に比べて疲れやすくなったなとか、腰の痛みが増えたなとか、身体的な衰えを感じることも確かにあります。ですが、体調はかならずしも加齢と相関しないので、やはり「老い」を実感する多くの要素は外見。すなわち視覚情報が担っているように思います。

だからその情報がない私にとっては、相手の年齢を判断する大きな要素がまず「声」になります。

元気な声、張りのある声の持ち主は若々しい容姿を想像します。

時々中高年でもアニメのように可愛い声の女性がいますが、こういう方も私の生きている世界ではティーンエイジガールです。逆に申し訳ないですが、声がしゃがれている人は、どうしても第一印象で高齢者のイメージになってしまいます。


あなたはまだお若いですか？

ご安心ください、心の年齢の話です。

目が見えない私が、「声」以上に相手の老いや若さを感じるもの、それが「心」なのです。


勤務している病院にも、所属している「視覚障害をもつ医療従事者の会　ゆいまーる」にも、70歳を超えるドクターが多数いらっしゃいますが、みなさん多少声はしゃがれながらも、それ以上の活力を持っていらっしゃるので、私にはあまり老いていらっしゃるイメージがありません。

おそらく80歳を超えていらっしゃるうちの理事長先生なんて、そのとんでもないバイタリティは衰えるどころか増大の一途をたどっておられ、そのため私の世界では理事長先生は年々若返っておられます。現在35歳くらいでしょうか。


そう考えると、「目が見えないこと」は、外見に囚われないその人の心の若さを見せてくれているのかもしれませんね。

目が悪くなってから出会った人たちは、あえて年齢を尋ねることもないのでみんな年齢不詳。むしろ当事者イベントなどで熱く活動されている方々なのでみんなヤングのイメージ。

将来目が治ってお顔を拝見したら、実は全員おじいさんおばあさんなのかもしれません……が、まあその時は間違って玉手箱を開けちゃったということにしましょう。

そんなわけで目が見えなくなったことで老いを感じなくなった私。あえて宣言しましょう。

人の「肉体」は年を取ると衰えていきますが、「心」はそうではない。むしろ心は老いの運命に抗って、生き方次第では若返っていくことさえ可能！

うちの理事長先生然り、ゆいまーるの先生方然り。みなさん「これからの夢」を持っていらっしゃいます。「大きな愛」を持っていらっしゃいます。

もう一度お尋ねします。

あなたはまだお若いですか？

肉体よりも、心のアンチエイジングを大切にしましょう！

目が悪くなって
老いを感じなくなりました。
外見に囚われるな。
生き方次第で、
心はフォーエバーヤング！

あなたはとてもお綺麗だ

「成長しましたね」

子どもの頃は背が伸びただけでそう言われました。でも大人になって身長が止まってからは、「成長しましたね」とはなかなか言われません。

相手を評価する言葉は、多くの場合、相手の外見に向けられているのでしょう。


「またひと回り大きくなられましたね」

「あなたって変わらないわねえ」

「ますますお綺麗ですね」

では私のように目が見えない人間はこれらの言葉を一切使わないかというと実はそんなことはなく、実際に口にするかどうかは別にして、胸の中ではしょっちゅう呟いているのです。

相手がひと回り大きくなったと感じる時、それはもちろん体型の話ではなく、度量の大きさの話をしています。

変わらないと感じるのも容姿ではなく考え方や性格のこと。

綺麗と感じるのも、可愛いと感じるのも、顔ではなくその人の内面の話です。


最近では「ルッキズム」という言葉も広まっていますが、自分の外見に優越感や劣等感を覚えるのは多くの人間にとって当たり前のことでしょう。

「スレンダーに生まれて良かった！」とか「もっと目が大きかったら良かったのに」とか、誰でも自分の外見は気になるものです。

一方、「優しい性格に生まれて良かった！」とか「もっと怒りの感情があれば良かったのに」とか、内面を気にしている人はあまりいません。いえ、少なからず気にはしていると思うのですが、外見に比べてあまり話題に上りません。ナイスバディのグラビア特集はあっても、ナイスマインドのグラビア特集はないのです。

どうしてなんでしょうかね。確かに事件の目撃情報でも、「逃げた犯人は中肉中背、吊り目で黒っぽい服を着た30代くらいの男」という視覚情報ばっかりで、内面の情報は一切含まれませんもんね。

目が見えなくなった私には今や内面が圧倒的に気になります。相手の人柄や性格に触れて、魅力的だなとか、逆もしかり。

確かに目が見えなくなるともう素敵な容姿を見て恋に落ちる「ひと目惚れ」は起こりません。しかし、素敵な内面を見せられて恋に落ちる「心にひと目惚れ」は大いにあるのです。

例えば内面の魅力とはどのようなものでしょうか。

表情の豊かさが素敵な人がいるように、感情の豊かさが素敵な人がいます。

喜怒哀楽の振幅の激しさは個人差も大きいので、あまり感情がぶれない人にとっては、全開で笑ったり怒ったりできる人が魅力的に映るでしょう。

遠慮がちな人からすれば、自分に正直な性格の人に惹《ひ》かれるかもしれません。

他にも優しさや厳しさ、細かさや大らかさ、頑なさにしなやかさなどなど、人間の内面は外見以上にさまざまな魅力の要素のかたまりです。

もちろん外見の魅力もその人の一面ですが、それだけに目を奪われて内面に意識が向かないのはとってももったいないことだと思います。

自分に自信を持つために、あるいは好きな人に振り向いてもらうために、自分を磨こうとするのはとっても良いことです。


「筋肉をつけてかっこよくなるぞ！」

「ダイエットして綺麗になるぞ！」

そんな外見のブラッシュアップも良いですが、内面のブラッシュアップもどうぞ疎かにしないでください。自分が持っている内面の魅力も忘れないでください。

目が見えなくなってからというもの、素敵な内面の人に出会うたびに、心がときめいています。

もしも生まれ変わったら、あなたは美しい容姿で生まれたいですか？

それとも、美しい心で生まれたいですか？

綺麗になられましたね。
目が見えなくたって、
あなたが
輝いていることくらい
分かります。

声は人間にとって第2の顔

基本的なことですが、「コミュニケーション」とは、言葉だけのやりとりではありません。

むしろ大切なのは気持ちのやりとり。無意識なレベルも含めて、人間は相手の表情から気持ちを察し、自分も表情で気持ちを表しています。

会話をしている時というのは言葉のキャッチボールをしながら、表情で気持ちのやり取りをしているのです。

コロナ情勢でお互いマスクをしていた時、コミュニケーションがうまくいかないと感じた人も多かったと思いますが、その一因はお互いの表情が確認できなかったことです。いくら言葉だけキャッチボールしても、表情が添えられていないと気持ちのやりとりは難しいのです。

それでは電話はどうなのでしょう。電話では相手の表情が見えなくても会話をしています。事務連絡に限らず、気持ちを通わせるような会話だってたくさんしているはずです。

それが成立する1つの理由として、親しい間柄であれば表情が見えなくてもお互いの気持ちを察し合えるというのがあるでしょう。

そしてもう1つの理由は「声」。

声を通して気持ちのやりとりをしているというのが大きいと考えられます。

電話の際は視覚が使えない分、多くの人が無意識に普段よりも聴覚に集中し、声から気持ちを感じ取っているのです。

声には言葉だけでなく、気持ちの情報も多分に含まれているんですね。

ラジオドラマでは声と効果音だけで物語が紡がれます。

登場人物の顔も容姿も見えません。それでも効果音から動きを想像し、声から気持ちを感じ取ってリスナーは音だけのドラマを十分に楽しむことができるのです。

実は演じる側の声優さんも、アニメとラジオドラマでは少々違う演技をされるそうです。アニメの場合は表情でもキャラクターの感情は表現されているので、声にまで感情を乗せ過ぎてしまうとくどくなる、だから少し抑え目の演技にする。

一方ラジオドラマでは表情の情報がない分、声で思いっきり感情を表現する。喜んでいる声、怒っている声、哀しんでいる声、楽しんでいる声。

確かに感情によって人間の声色は変わります。

声は「第2の顔」と言ってもいいくらい、表情豊かなのです。


そしてそんな声から気持ちを感じ取る能力を最もフル活用しているのが、私たち視覚障がい者でしょう。相手の顔が見えない分、普段から電話やラジオドラマと同じ状況なのです。

だからでしょうか、コロナ情勢でも私はコミュニケーションが難しくなったとあまり感じませんでした。

また、声から気持ちを感じ取る能力が一番活かされる仕事は、もしかしたら精神科医かもしれません。

まだ目が見えていた頃は、正直患者さんの声には注目していませんでした。専ら表情と言葉の内容から心の状態を評価していました。そしていざ失明した時、しばらくは仕事がやりにくくて仕方ありませんでしたが、気づけば以前よりも患者さんの心の状態の変化を感じ取っている自分に気がつきました。それが声の変化でした。

声色は顔色よりも正直です。

顔色は取り繕えても声色まで取り繕える人はそうはいない……というよりも、声に感情が表れることに多くの人は無頓着なので、声色を取り繕おうという意識がそもそもありません。

心で泣いて顔では笑える人はいても、声まで明るくできる人は滅多にいないのです。

毎日数十人の人の「声」を相手に仕事をしていると、声は本当に千差万別だと気づかされます。声質は似ていても、頭の大きさや口の開け方が違えば当然響き方が異なります。息継ぎのタイミングも、言葉の切り方も、ボリュームのコントロールも、返事のリズムも人それぞれ。

それがいつもと変化した時には心にも変化が起きているサインです。

「いつもより声が沈んでる。落ち込んでるのかな?」
「いつもより語りのテンポが遅いな。何か言おうとして迷ってるのかな?」
「いつもの口癖と帰りの挨拶が出なかった。心の距離が離れてきたかな?」

もちろん風邪気味などの体調の変化、部屋が乾燥しているなどの環境の変化でも声は変わりますから、一概に心の変化と決めつけてはいけません。

顔の表情や容姿についての情報もちゃんと看護師さんからもらった上で、総合的に心の状態を評価するのが私の仕事です。

また声はそれ以外にも、患者さんの動きを把握するヒントとしても有用です。口から放たれる声の向きでその患者さんがうつむいているのか、顔を上げているのか、そっぽを向いているのかが分かります。

会話中に声の向きが変われればそれは顔を動かしたということ。

「あ、今一瞬窓の外を見たな。集中できてないかな？」

「あ、今待合室のほうを気にしたな。聞かれたくない話かな？」

「あ、私がカレンダーのほうを向いたのに合わせてちゃんと顔を向けてくれたな。心が通ってきたかな」

などなど、顔における「視線の向き」のように、「声の向き」もまた、たくさんの情報をくれるのです。もちろんドアの開け閉め、靴音、貧乏ゆすり、衣擦《きぬず》れなどなど、声以外の音も患者さんの状態を教えてくれる大切な手掛かりです。

なので私にとって一番の苦手は「沈黙」です。

声も息遣いもないとさすがにお手上げ。患者さんが怒って黙っているのか、哀しんで黙っているのか、笑顔で黙っているのか、私には分かりません。沈黙の判別はやっぱり表情が見えないと不可能なのです。

ちなみに企業秘密なのであんまり詳細には書けませんが、患者さんに向けるこちらの「声」には意識的に変化をつけています。

声優さんがアニメとラジオドラマで異なる演技をするように、こちらも患者さんの状態によって、性格によって、伝えたいメッセージによって、言葉遣いはもちろんですが声質も調整して話をしています。

まあそれがどれだけの効果を発揮しているかは分かりませんが……いつかちゃんとした手技として確立できたら発表したいと思います。

そんなわけで、声は人間にとって第2の顔。

「声色」は「顔色」以上に心を反映しています。学校の先生や相談係など、人間相手のお仕事をしていらっしゃる方はぜひ参考にしてみてください。

そして、もしあなたが大切な家族や友人の気持ちが分からずに悩んでいるのなら、相手の声に耳を澄ませてみるのも良いかもしれませんよ。

そしてもしも、あなたが浮気や不倫をしているのなら、バレるのも時間の問題です。だって、浮気をしている人の声にだけ含まれるノイズがありますから。

声は第2の顔。
声色は顔色のように取り繕えない。
目の見えない精神科医は、
患者さんの沈黙にはお手上げです。

伝えたのに伝わらない理由

「ねぇねぇ、これ見て。すごいでしょ」

「わぁ！　それ良いね」

「じゃあ私のこれと交換してみない？」

「いいけど、それならあっちのほうが合うんじゃない？」


こんなふうに目が見えている人たちは、そこに見えているものをいちいち説明したりせずに話します。ですから、見えない人からすると、代名詞だらけのその会話は、「これって何のことだろう？」「それって一体なんだ？」ともはや推理ゲームです。

「これぐらいの」と身振り手振りで示す会話も、見えている人たちの特権です。

見えていないと、「これくらい」が両腕を伸ばしたビッグサイズなのか、おにぎりを握ったくらいのスモールサイズなのかさっぱり分かりません。

また、多少言葉が間違っていても成立するのが見えている人たちの会話。同じ物を見ているから、相手の言い間違いも脳内で自動的に修正することができるのです。

しかし見えていない人間にとっては、言葉や固有名詞を間違えられたら一巻の終わり。ずっと間違ったまま会話が進んで、どんどん実際とのギャップは大きくなってしまいます。

当たり前のことですが、見えている人たちの会話は、視覚情報に大きく依存しているわけです。

ただ、そんなふうに視覚情報ばかりに頼って会話することで、齟齬《そご》が起きたり、勘違いが生まれたりすることがあります。

例えば、待ち合わせをするとなった場合。

見えている人たちは「○○駅の東口の改札出たとこで」とひと言で済ませます。でもこれ、大きな駅だと範囲が広過ぎて、みんなが同じ場所をイメージしているとは思えません。改札の目の前で待つ人もいれば、改札から数メートル前の辺りで待つ人、あるいは改札からまっすぐ進んだ壁際で待つ人、あるいは駅の出口で待つ人もいるかもしれません。

「改札出たとこって言ったじゃない」「だから改札前にいただろ」「東口って言うから外で待っていたのに」なんてちょっとした喧嘩になってしまうことも。まあ目が見える人同士なら、それでもめぐり会えるとは思いますが、もしもメンバーに目が見えない人もいるのなら、もう少し丁寧に説明してあげたほうが親切です。

「東口の改札を出てまっすぐ5メートルほど歩いたところにある壁際のベンチに座ってて。ベンチのすぐ右側に駅ビルのエスカレーターがあるから」

いかがでしょう。改札との位置関係、ベンチというアイテム、エスカレーターの音など、この言い方だと手掛かりがとても豊富です。視覚障がい者でも安心して待ち合わせに向かうことができるでしょう。

あなたはどうですか？

普段代名詞をたくさん使っていませんか？

詳細を省き過ぎていませんか？

それはもしかしたら「自分には分かる」という主観的な説明になってしまっているかもしれませんよ。どうも勘違いされる、話が食い違うことが多いという人は、「相手にも分かる説明」を意識してみましょう。

例えば、「とても大きなビルです」という説明。

「とても大きい」という表現はあくまでもあなたの主観です。どれくらい大きいのかは、イメージする人によって違ってしまいます。

そこで、「都庁と同じくらいの大きさのビル」だとか、「30階建てで細長いビル」という具体的な説明のほうが、相手はイメージしやすくなります。

コツとしては、「ラジオドラマのセリフのように話すこと」。

映像がないラジオドラマの世界では、登場人物たちのセリフに代名詞が控えられています。

「ほら、ここ握って」なんて言われてもリスナーには状況が分からない。

そこで「ほら、壁の手すり握って」と言わせることで、ナレーションを使わなくても状況が分かるようになるわけです。

いかに不自然にならないセリフ回しで視覚情報をリスナーに提供するか、これがラジオドラマの脚本家の腕の見せどころ。

説明が独り善がりになりやすい人は、会話の上達のためにラジオドラマのセリフを参考にしてみるのも良いでしょう。

会話は伝えればいいというものではありません。

なぜなら、会話の目的は伝・え・る・ことではないから。

相手に伝わらなければ意味がないのです。

自分が伝えたことと、相手に伝わったことが、全く別物になっていることだって少なくありません。

私も自身が目を悪くしてからは特に、相手に伝わる言い方を心掛けています。

「ちゃんと伝えたのに、全然、お願いしたことをやってくれてない！」

職場でもそんな不満をよく聞きますが、この時、その人は確かに「伝えた」のかもしれませんが、それがちゃんと相手に「伝わっているか」が一番の問題。

喧嘩をする前に、もう一度「相手に伝わる伝え方」を考えてみましょう。

伝えたのに、
伝わっていないなら、
伝え方に問題あり？
そんな時は、
ラジオドラマの伝え方を
ご参考に。

やり過ぎサポートに御用心

「社会的弱者」というと、高齢者や障がい者がイメージされることが多いです。

そして手助けをしてあげるのが社会正義のように言われます。

視覚障がい者に対しても、路上で見かけたらサポートしてあげようと思ってくださる方は多く、それはとても有り難いことです。

しかし、第一部でも少しお話ししましたが、視覚障がい者には、「ベテラン」もいれば、「ビギナー」もいます。常時サポートが欲しい人もいれば、自分でやれるから基本的にはサポート不要という人もいます。

そして親切心からやってあげたサポートが、実は迷惑だったり的外れだったりして、トラブルになることも少なからずあります。

例えば、ご飯を食べに行った時に、お箸を割ってから渡してくださる方がいますが、お箸を手に取れれば「割る作業」が視覚障がいの支障になることはありません。

タクシーに乗った時にシートベルトを巻いてくれる運転手さんもいますが、それも目が見えなくてもできることなので、不要なサポートです。

もちろんその優しさは本当に尊いものなのですが、視覚障がい者にも色々な人がいて、中には「自分でやりたかったのに！」「ほっといてくれ！」と憤慨してしまう方、「子ども扱いされて情けない」「自分はそんなに無力に見えるのか」と落ち込んでしまう方もおられます。

誰にも悪意はないのにサポートしたほうも、されたほうも傷ついてしまう。本当に悲しいことですね。

私からすれば、気を遣ってサポートしていただけるのは本当に有り難い。そのおかげで自分がこの社会で生活できているのは間違いないと思っています。

ただ弱者かと言われると常時そうではなく、確かに弱い場面もありますが、ちゃんと障がいを克服している場面、バリアバリューによってむしろ人より強くいられる場面もたくさんあるのです。助けが必要な時はちゃんとSOSするからそれまでは何もしなくて大丈夫、というのが今の私の素直な気持ちです。

しかし、SOSが苦手で、積極的に声を掛けてあげなくてはいけない視覚障がい者もいます。もしかしたら助けを求める「ヘルプマーク」みたいに、大丈夫の意味を持った「ノーヘルプマーク」があってもいいのかもしれませんね。

ただ視覚障がいに限らず、困っていそうな人がいたら声を掛けてあげようという優しさは人間の宝です。お人好しやお節介は矯正すべき性格ではありません。むしろ誇れる性格です。トラブルになったとしても、めげずに声を掛けてあげてほしいと思います。それで助かる人がたくさんいますから。

そして障がい当事者のほうは、たとえ自分に向けられたサポートが迷惑で的外れだったとしても、やっぱり笑顔で感謝を伝えられる心を持ちましょう。

あなたが怒ってしまっては、その人はもう誰にも声を掛けなくなるかもしれない。そうなると困ってしまう障がい当事者もたくさんいるんですから。そんなにサポートが不要なら、ちゃんとそれを示す工夫を考えましょう。

人生色々。
視覚障がい者も色々。
全員が弱者ではないけれど
それでも優しさは有り難い。

積極的に曖昧に生きよう

あなたは「曖昧」という言葉にどんなイメージを持っていますか？

「はっきりしない」「どっちつかず」「中途半端」

一般的にはそんなネガティブなニュアンスで用いられやすい言葉です。かつては私もそうでした。しかし今は、「曖昧さ」というものが愛しくて仕方ありません。


そう認識が変わった1つのきっかけは、「精神科医」という仕事です。

精神科医になって駆け出しの頃、大いに戸惑ったのが「一体何が正解なんだ？」ということでした。同じ患者さんを診察しても先生によって診断が違う、治療方針も違う、治療の方法も違う、治療で良くなったかどうかの判定も違う。

ある専門家が最善として推奨している手法を、「絶対にやってはいけない」と禁止している専門家もいる。「患者さんの心よりも行動を見よ」という学会もあれば、「行動に囚われず心を分析せよ」という学会もある。いやいやいや、どっちやねん。何を信じてやっていけばいいのか、さっぱり訳が分かりませんでした。心という謎を扱う医療もまた謎に満ちていたのです。

でもよくよく考えればそれが当たり前でした。心は目に見えません。血圧のように測定して数値にすることも、骨折線のようにレントゲンを撮影して画像にすることもできません。できるのは患者さんの心を医者の心で「解釈」することだけ。だからその解釈が絶対正しいとも、かといって誤診だとも言えない。神様がカンファレンスに参加してくれない限り、誰にも本当のところは分からないのです。ああ、なんて曖昧な。しかしその曖昧さこそが、実は精神科という学問の最大の魅力でした。人間だけでは解明できないからこそ、興味が尽きない。白黒はっきりつかないからこそ、まだ誰も思いついていない画期的な治療法が見つかるかもしれない。

私がこの未熟な学問と仲良くつき合うために見つけた心得こそが「何も信じない」ということでした。「何も信じない」イコール「全て疑う」ではありません。

精神医学が絶対正しいなんて信じない、だからって間違っているとも信じない。

患者さんの言っていることが本当なんて信じない、だからって嘘だとも信じない。

その上で今一番最善に思えることを全力でやるだけ。

もちろんかならずうまくいくとも、うまくいかないとも信じずに。

信じるものがないと人は弱くなる、やる気が出なくなる、と思われがちですが案外そんなことはなく、「何も信じない」と決めたことで、私の精神科医としての情熱はどんどん燃え上がりました。

「これが正解」と、何かを信じてしまうと、期待して物事を見てしまいます。そして信じるもの以外が見えなくなってしまいます。

悲しんでいるから落ち込んでいるとは限らない。

お酒に溺れているから投げやりな姿勢とは限らない。

笑っているから楽しい毎日とも限らない。

何かを信じることは、患者さんの心を「解釈」する際に偏りを生みます。何も信じなければ、まっさらな状態で患者さんの心に向き合える。そして反対派の専門家がいようが、禁止している学会があろうが、ただ単純に最善の治療を患者さんに提案できる。

「前の患者さんには正反対のアドバイスをしてたじゃないか」とつっこまれるかもしれませんが、それでもいいんです。だって私は何も信じていないのですから。「絶対」や「確実」がない心。そんな曖昧な存在を扱う「精神医学」という曖昧な学問が、今は愛おしくてたまりません。

曖昧が好きになったもう1つのきっかけはやはり自分自身のこと。

徐々に目が見えなくなる中、障がい者なのか健常者なのか中途半端。

医者になったらなったで、できないことだらけの中途半端。

音楽や文芸が好き。そうは言ってもそれで評価されているわけでもなく、これもまた中途半端。

そんな「何者でもない曖昧な自分」が許せませんでした。しかしこれも、「人間は多面体」という答えを見つけることで受け入れることができました。

目が見えなくなった当事者、心を支える支援者、音楽と文芸を作り続ける表現者。どれも自分の一面であり、どれがメインでもどれが余計でもない。全てをひっくるめて「福場将太」という1人の人間。

そう考えれば人間という曖昧な存在であることが愛おしく思えました。

人間はどうしても「確かなもの」を求めてしまいます。「絶対なこと」に安心してしまいます。そのことで生きにくくなっている人、自分を追い詰めてしまっている人がたくさんいます。しかし改めて考えてみると、確実とか絶対のほうが曖昧より素晴らしいなどと、一体誰が決めたのでしょう。確実性ばかりが重視されて、曖昧さが無下にされてしまうのはどうしてなのでしょう。

曖昧の良さを考えてみましょうよ。曖昧であるということは、色々な可能性があって良いということ、色々な答えがあって良い、許容されるということ。

すなわち「許し」を多く含んでいるのが曖昧さの強味です。

「絶対」とか「かならず」といった枕詞は、力強いですが、可能性の幅を縮めてしまいます。偉大な功績を残した発明家や科学者たちは、「絶対うまくいく」と思って研究していたわけではありません。むしろ研究結果を想定し過ぎず、自由に気ままに模索したからこそ、思いがけない結果が出た。

柔軟に変形できる、いくらでも変更が効く、そんな曖昧なスタンスのほうが実は歴史的な大発見や不朽の名作を生み出しているのです。

私たちの日常でも、「絶対にそうです」と言われてしまうとそこで思考は終わりです。しかし「そうかもしれない」だと、思考を巡らせる余白が与えられて、そこから新たな気づきや解釈にたどり着けることがありますよね。

人生が確実で全てが明らかだったら、こんなに退屈なことはありません。

私が愛読するとある漫画に出てくる少年はこう言いました。

「未来は分からないから面白い」と。

ある時、「7色の虹は実は7色じゃないですよね」という話を聞きました。イメージでは明確な7色に塗り分けられている虹ですが、確かに実際に空に架かっている虹はちっとも7色ではなく、かなりぼんやりしています。

少し調べてみると、虹が7色というのは日本人だけの感覚らしく、アメリカやイギリスでは6色、ドイツや中国では5色、中には虹の色は2色だと考える文化圏まであるそうです。

どうしてこんなことが起きているのでしょう。それは虹の色がグラデーションで並んでいるからです。

「赤・橙・黄・緑・青・藍・紫」とはっきり色分けされておらず、「赤」から「橙」までの間にも無数の色があり、「橙」から「黄」までの間にもまた無数の色がある。

それを人間の都合で、勝手に7つに区分けしてしまったのが「7色の虹」の正体なのでした。

精神科の診断名もそうですね。人間だって本来グラデーションの存在なのに、病名をつけることで無理矢理区分けしてしまう。

もちろんそうしないと研究も進まないし診断書も書けないわけですが、病名は人間が勝手に作ったルールであって絶対ではないことを忘れてはいけません。

人間はまさしく十人十色、そして1人の人間の中にも色々な色があります。当事者、支援者、表現者、どれも私の大切な色で、無数の色の集合体が「私」という人間。

「曖昧」は決して堕落の言葉ではありません。頼りない言葉ではありません。

一本筋が通っていないけど、その分フカフカの柔軟剤で仕上がっているのが曖昧の魅力なのです。

あなたは確実なものを求め過ぎていませんか？

「絶対」とか「かならず」じゃないといけないと思っていませんか？

曖昧さも大切にして生きてみましょう。虹が美しいのは、曖昧な色だからです。

みんな十人十色で、
心はもっと色々だから
好きな色を1つでも増やしながら
色んな色をパレットに混ぜ合わせて、
曖昧な虹を造りだそう！

回り道、寄り道に意外な拾い物

便利な機器の開発によって、スムーズなシステムの構築によって、現代社会ではさまざまなことが効率的に行えるようになりました。

勉学、仕事、家事、そしていよいよ恋愛にも効率を求める時代になってきたようです。望む条件の異性をアプリで検索できたり、複数の相手と同時進行でメッセージをやりとりしたり、気に入ったらＳＮＳで愛の告白をして交際開始、気まずくなったらブロックして永遠のサヨナラ。付き合って別れるまで一度も相手に会ったことがない……なんてこともあると聞きます。

ついにはデートもお見合いも一切不要、「結婚は、データ上で遺伝子の相性が良い人とすればいい」なんてことにもなりそうな兆しです。

確かにとても合理的で効率的な考え方ですよね。

しかし、合理的とか効率的ってそんなに重要でしょうか？　無駄を省いて最短ルートで目的地へ辿り着く。そのほうが確かに時間にもお金にも余裕ができて、メリットも大きいような気がします。実際に業務をいかに効率化するか、というのは多くの職場で課題になっていることでしょう。

ただし、効率化して良いのはイレギュラーの少ないルーティン業務に限られます。頻繁に予定外のことが起こる業務を効率化してしまうと、臨機応変な対応ができなくて大変なことになるからです。

そして私たちの人生はイレギュラーだらけです。とてもルーティンではこなせません。合理化・効率化しようとするとかえって窮屈になり、アドリブが利かなくなってしまうのです。

実は医療の業界にもそういう窮屈さに追い込まれる人は結構います。

例えば代々、医者家系に生まれた長男。医師になって家の病院を継ぐという目的地が生まれた瞬間に決まっていて、幼い頃から塾に通い、進学校の中学・高校に進み、医学部を受験してというルーティン人生です。

「お前はどうせ医者になるんだから勉強以外のことはしなくていい」

「部活も趣味も一生懸命やる必要はない」

「将来の繋がりのために医師会の忘年会に顔を出しなさい」

そんなドラマみたいな言葉を親から言われてきた同級生もたくさんいました。そうやって最短ルートで医者になってその後も順風満帆ならそれもいいのかもしれませんが、あまりにもストイックで余白がない人生です。何かの拍子に医師を続けるのが苦しくなっても、アドリブが全く利きません。

そんな医師の話を聞くと、塾通いだけで過ごしてしまった日々に、もう少し寄り道をしていれば良かったんじゃないかな、医師という目的地に辿り着く前にもっと回り道があっても良かったんじゃないかな、と私は思います。

確かに私も医師をやっています。身内に医師が多い家系に育っています。進路に医学部を選択したのも、その影響が多大にあったことは否定できません。
ですが今私の心を、生活を、人生を支えてくれているものはいずれも医師になるための正規ルートで手にしたものではありません。

例えば目が見えなくなった時に大いに役立ったブラインドタッチ。
これは中学時代にたまたま入ったパソコン部で習得した力。当時は目が見えなくなることはもちろん、パソコンが医療の仕事で必要になる時代が来るなんて想像もしていませんでした。

例えば目が見えなくなった後でも自由に動き回れる世界を残してくれた音楽。
これは中学時代に嘉門タツオさんのラジオをたまたま聴いて、ギターを練習したことから始まった世界。そのまま一生の趣味になるなんて思っていませんでした。

例えば執筆。

これは高校時代、ジャンケンで負けて渋々入った図書委員会で文芸に興味を持ち、小説を書き始めたことから続いている趣味。もちろんこんなふうに本を書くお仕事が将来できるなんて想定していませんでした。

他にもまだまだあります。私が在籍した高校では、体育祭が最大のイベントでした。3年生が中心となり、マスゲーム、チアガール、応援団、やぐらと大道具、衣装などのパートに分かれ、なんと1年かけて準備して本番を目指すというとんでもない熱の入れよう。

高校3年生の夏休みなのにみんな毎日学校に来て、マスゲームの生徒は運動場で演舞し、チアガールの生徒は中庭で飛び跳ね、応援団の生徒は体育館で声を張り上げ、私たちやぐらと大道具の生徒はノコギリを手に渡り廊下で木材を切り、衣装の生徒は教室でミシンを走らせる。

大学受験のことを合理的・効率的に考えたら、そんなことやってる場合じゃない。予備校に通って模擬試験を受けたほうが確実な最短ルート。

でも体育祭に寄り道して、回り道して全力で成し遂げた夏。その結果得られたものは何だったか。

それは一生の思い出、仲間の絆。そして自分は何が得意なのか、将来どんなことをやりたいのかという人生における重要な発見。

ここで大切なのは、得られると分かってやっていたのではないということ。理由も分からず、「将来役立つか」とか「無駄なんじゃないか」といったことは一切考えず、損得を勘定に入れずに、ただやっていたからこそ得られた財産だということです。

第一部でもお話ししましたが医師国家試験が不合格でこの先の人生を見失った時、私は一度医師への道から離れました。

そして会いたかったおじさんに会いに行ったり、路上でティッシュを配ったり、アマチュア野外ライブに参加したり、コンテストに小説や作詞を応募したり、インディーズＣＤを作ったり、インターネットラジオ局でＤＪをしたり、日本網膜色素変性症協会の集いに参加したり、と本当にこれまでできなかった色々な経験をしました。

「医師になる」という目的地を見据えればとんでもない回り道、度を越した寄り道の日々です。でもあの道のりがあったから今がある、最短ルートではなかったかもしれないけど、自分には絶対必要な道のりだったと今は確信しています。

あの1年間の放浪がなければ、医師への扉も叩けなかったし、目が見えなくなった後も医師の道を今日まで歩き続けることはできなかったでしょう。

だから私は今も、しょっちゅう回り道や寄り道を楽しんでいます。

目が見えなくなったのを良いことに、ふらふら色んな道に迷い込んでみるのです。

無駄かどうかなんて考えず、今すぐ役立つなんて期待せず。

無意味で無価値で必要のないことをただ気ままにやってみる。そこに未来で明かされる素敵な伏線が仕込まれているかもしれませんから。

あなたは回り道や寄り道をしていますか？

普段の通勤だって、気まぐれでルートを変えてみてもいい。

気になったお店に入ってみてもいい。

日課の買い物だって、ちょっと遠回りしてみてもいいじゃないですか。最短ルートでは経験できない思わぬ出会いが、意外なお宝が、そこにはたくさん落ちていますよ。

そしてもしも今、あなたが人生に行き詰まっているのなら、これまで歩いてきた道を振り返ってみてください。

メインストリートだけでなく、ルートから外れた回り道や寄り道も、じっくり思い出して振り返ってみてください。

未来の扉をひらく鍵は、その道の上にかならず落ちていますから。

人生は急がば回れ。
回り道や寄り道には
思いがけない素敵なことが
たくさん待っています。

あなたはMUST派？ それともWANT派？

「せねば思考」をご存じでしょうか。

「○○せねばならない」「○○であるべきだ」という考え方の癖のことです。

例えば「医師は日々勉強せねばならない」「親として強くあらねばならない」「会社の飲み会は参加しなくちゃいけない」「先輩が後輩に頼るべきではない」などがそうですね。

「せねば」というのは理屈に基づく気持ちで、英語で言うと「MUST」。その逆の「したい」は感情に基づく気持ちで、英語で言うと「WANT」になります。

人間の行動は大きくこの2つ、「せねばと思ってしていること」と「したいと思ってしていること」に分かれます。

あなたは自分の日常を振り返ってみていかがでしょう。「せねばと思ってしていること」と「したいと思ってしていること」、どちらが多いでしょうか？

おそらくほとんどの社会人は「せねば」のほうが多いと思います。

誰だって赤ちゃんの頃は「したい」が100パーセント。寝たいから眠る、飲みたいからおっぱいを飲む、嫌だから泣く。それが大人になるにつれて少しずつ「せねば」の割合が増えてきて、感情よりも理屈で行動するようになっていくのです。


ではこの「せねば」と「したい」、どっちが大切でしょうか？

社会人としてはやっぱり「せねば」が大切です。

人間は社会で暮らす動物ですから、自分がしたいことをする、したくないことはしないという行動原理では社会は成り立ちません。

一方、自分の人生においては「したい」が大切で、せねばならないことばかりでしたいことができないと、日々が辛く虚しいものになってしまいます。

精神科の外来に訪れる患者さんの中には、この「せねば」と「したい」のバランスが悪いせいで調子を崩している方が少なくありません。

義務感や責任感を背負って、せねばならないことをする「MUST派の人」。

これはとても素晴らしいことです。職場のニーズ、家族のニーズに応えているということでもあり、「誰かの役に立つ」という人間にとって根源的な欲求を満たせているとも言えます。

ただ度を過ぎると、そこまでしなくてもいいことをやり過ぎる状態になり、過労や自己犠牲に繋がってしまいます。

一方、夢や欲求に正直に、したいことをする「WANT派の人」。

これもとても素晴らしいこと。自分のニーズに応えていて、「好きなことをする」ということもまた人間の根源的な欲求を満たせています。

ただ度を過ぎると、周囲を無視して自分の好きなことだけをしている状態になり、孤立や自分勝手に繋がってしまいます。

本当は「誰かの役に立つ」と「好きなことをする」が一致すれば良いのですが、残念ながらそういう人はなかなかいません。自分の好きなことを生業《なりわい》にできる人間は少数で、多くの場合、「周囲が求める自分」と「周囲に求めてほしい自分」は異なっています。そしてどっち向きに走っても苦しくなってしまうのです。

だからこそ大切なのはそのバランス。

せねば思考で周囲の役にも立ちながら、ちゃんと自分のしたいこともしている。そういう生活ができれば心は元気でいられるのです。

私の場合は、視覚障がい者や精神科医として行動している時が「せねば」、音楽や小説の創作に没頭している時が「したい」の成分が多いです。

最初に言いましたが、日本人は多くの人がＭＵＳＴ派です。

これは「みんなと同じことをするのが正しい」という同調圧力の文化も影響しているのでしょう。

友人5人で遊びに行ったお宅で「コーヒーと紅茶、どちらにしますか?」と訊かれた時、残りの4人がコーヒーだったなら、多くの日本人は「じゃあ僕もコーヒーで」と言うでしょう。

ここで「僕は紅茶で」なんて言おうものなら友人たちから叱られそうです。同調圧力恐るべしですね。

ところがどっこいフランスでは、「じゃあ僕もコーヒーで」なんて言うと逆に叱られるそうですよ。

「〝じゃあ〟とはなんだ。ちゃんと自分の飲みたいほうを言いなさい」と大目玉。

フランスでは同調することよりも、自分の意見をはっきり主張するほうが正しいとされている文化なのですね。

また日本人が「せねば」を強めてしまう一因として、本心を言わない奥ゆかしさを美しいとする価値観もありそうです。顔で笑って心で泣いて、気持ちを押し殺して誰かのために犠牲になる。多くの映画で見られる名場面ですよね。

私もかつてはＭＵＳＴ派でした。

ちゃんと「したい」をふんだんに盛り込めるようになったのは愛しの持病、網膜色素変性症のおかげです。

20代後半、どんどん目が見えなくなる恐怖の日々でしたが、それは同時に「お前には時間がないぞ」と背中を押された日々でもありました。それにより「医師はこうせねばならない」という理屈を「見えなくなる前にこれがしたい」という感情が凌駕《りょうが》し、ためらわず色々なことができました。

第一部でもお話しした人生のマジックアワー、その頃の毎日がきらきら輝いていたのはＷＡＮＴ派で生きられたからです。目は予想通り見えなくなりましたが、網膜色素変性症が背中を押してくれた20代後半の日々に後悔はほとんどありません。

癌患者さんの中にも、余命を告知されたことで今まで「せねば」ばかりで生きてきたことに気づき、そこから慌ててＷＡＮＴ派に切り替わる人がいらっしゃいます。

残された時間をそれで充実させられたのなら本当に良かったのですが、場合によってはもう身体が自由に動かず、せっかくWANT派になったのにしたいことができないという悔しい思いをする患者さんもおられます。

だから今が大切です。

本書を読んでくださっているあなたも、別に目が悪くならなくても、余命を告知されなくても、「したいこと」を大切にして暮らしてください。

今はひたすら我慢して老後になったら好きなことをしようなんて思わないで、今のうちからしたいこともちゃんと生活に取り入れてください。

平穏な老後がかならず自分にあるなんて保証はどこにもないのですから。

もちろん「したい」100パーセントでなくて結構。仕事も家庭も顧みずに欲望のままに生きるのはやり過ぎ。

大切なのはバランスです。「せねば」もほどほどに、そして「したい」はやれるうちにしっかりと！

「せねば」も「したい」も
両方大切。
でも一度しかない人生、
ちゃんとＷＡＮＴ派の
活動もお忘れなく！

孤独100パーセントは絶対にダメ

前項では「せねば」と「したい」はバランスが大切、というお話をしました。

心の健康において、もう2つ、バランスが大切なことがあります。

1つは「忙しさ」と「暇」。

そしてもう1つが「孤独」と「ふれあい」です。

あなたの生活の中で、孤独とふれあいは何パーセントと何パーセントのバランスになっているでしょうか？

実は、特におすすめのバランスはありません。というのも、人によって最適のバランスは異なるからです。

誰かと一緒にいるのが大好きな人は、ふれあいが95パーセント、孤独が5パーセントでも良いでしょう。

逆に誰かと接すると極端に疲れてしまうという人は、孤独が80パーセント、ふれあいが20パーセントでも良いでしょう。

一般的には悪いこととして扱われがちな「孤独」ですが、1人で過ごすのも人生の素敵な時間、必要な時間だと私は思っています。

ただ1つだけお伝えしたいのは、孤独100パーセント、ふれあい0パーセントだけは絶対ダメということです。

どうして孤独100パーセントだといけないのでしょうか？

1つは、多くの人間はやはり寂しさに耐えられないということ。

誰とも接さず、誰とも言葉を交わさない日々は、うつ病や依存症、ひいてはその先にある自殺に発展するリスクがとても高いです。

そしてもう1つの理由は、いざという時にSOSできる繋がりは必要ということです。どこにも助けを求められない、自分が倒れていても誰も気づいてくれない生活では、やはり病気や事故のリスクが高まるのです。

それなら一切寂しくなく、落ち込みもなく、お酒やギャンブルにも依存せず、自分で自分の安全を守れている人なら孤独100パーセントでも良いのかというと、やっぱりそれでもダメなのです。

それに気づいたのは2020年から日本でも猛威を振るった新型コロナウイルスの社会情勢です。

多くの死者数に「このまま人類は滅ぶんじゃないか」、仕事もなくなって「この先どうやって暮らしていけばいいんだ」、そんな不安が多くの人の心に込み上げました。また、度重なるイベント中止に「どうせ一生懸命準備したってまた無駄になるんだろ」、仕事の自粛に「俺の仕事は不要ってことだな」、そんな投げやりな気持ちも多くの人の心に生まれました。

しかしコロナ情勢がもたらした、最も深刻な心への影響はもっと他にあります。それが何だかお分かりですか？

その答えは、「お互いへの不信感」です。

マスクや消毒液を盗む、感染者を迫害する、自粛に応じない者を攻撃する、そんな悲しい姿に多くの人が人間を信じられなくなってしまいました。

本来ならするもしないも本人の意思で良いはずのワクチン接種についても、意見の対立でせっかくの友人関係や家族関係が壊れてしまうことさえありました。

どうしてそこまでお互いを信じられなくなってしまったのか。それは紛れもなく「ふれあい」の減少が原因です。

私が愛用しているギターという楽器は、チューニングという作業で音を合わせるのですが、自分1人で演奏しているとそのチューニングがズレていることになかなか気づきません。他の楽器の人と合奏すると、こんなにズレていたのかとびっくりすることがあります。

実は人間の心の調子もギターの弦と同じくらいズレやすいのです。

1人っきりでいるとどんどん音がズレていくのに自分ではそのことに気づかない。

じゃあどうやってチューニングすればいいか？

それが他の人との合奏、すなわち「ふれあい」なのです。

風邪で1週間学校を休んでひさしぶりに登校した時、クラスメイトとのおしゃべりにテンポのズレを感じたことはありませんか？

旅行を終えて久しぶりに出勤したら、どうも同僚と仕事のテンションが合わなかったことはありませんか？

それくらい、心はふれあいがないと調子が狂ってしまうのです。

ギターにはチューニングマシーンという1人でも音を合わせられる便利な道具がありますが、心にはそれがない。だからお互いの音を鳴らして調整する以外に心のチューニングをする方法はないのです。

普段であれば、誤解や勘違いが生じても、相手と話すことでそれを修正できました。自分だけがノリノリになっていても、仲間の表情を見てみんなはそうでもないことを感じ取り、自分をいましめることができました。

腹を割って話すことで、自分の見解が間違っていたことが分かりました。

しかしコロナ禍の孤独な生活ではそれができませんでした。滅多に人に会えず、話せず、会っても会話は最小限で、しかもお互いマスクで表情が見えないから気持ちのやりとりにまで至らない。むしろ相手は感染者なんじゃないかという疑念のほうが先に立ってしまう。

自分1人だけで考えていると、思考がズレていても気づきません。

感情が強まっていても分かりません。

異常と言われる犯罪を犯してしまった人たちの多くは、事件前、1人で家に閉じこもっていた期間があります。

1人だけで考えて考えて、どんどん思考や感情がおかしな方向へズレていって、でも誰ともふれあっていないからチューニングの機会もなくて、ついには弦が切れてとんでもない行動に出てしまったのではないでしょうか。

ですから孤独100パーセントはやっぱりまずい。

人間は社会で生きる動物。絶対に最小限の「ふれあい」は必要です。

精神科で行っているデイケアや訪問看護も、もちろん生活を支援するという側面もありますが、一番の目的は「ふれあいの提供」、孤独100パーセントにしないためのケアなのです。

くり返しますが大切なのはバランスです。

人間はどんなに好きな人とふれあっても、どんなに仲の良い友人と楽しく過ごしても、それでもストレスを感じてしまう難しい動物です。

だから孤独も絶対必要。

孤独と向き合うことは自分と向き合うことでもあります。

誰かといる時と1人でいる時、自分の本音を日記に書きやすいのはどちらでしょうか。それはもちろん1人でいる時ですよね。

自分の内側を旅するためには、孤独はどうしても必要なのです。それに孤独をまとっている人だけが放つことができる、素敵な魅力があることもまた事実です。

「孤独死」という強い言葉が蔓延したせいか、どうしても孤独が悪いもののように扱われがちですが、上手に活用すれば孤独はとっても良いものです。

素敵な結婚生活を特集する番組があるなら、素敵な孤独生活を特集した番組があったっていい。

かっこいい孤独のアイテムやテクニックを掲載した『月刊　孤独マガジン』だって刊行されていいのではないでしょうか。ダメですかね、サンマーク出版様。

少なくとも私は孤独のない世界はごめんです。

平日は毎日毎日、何十人もの方とお話しする仕事ですから、休日は１人でいたいわけです。

あなたは孤独が嫌いですか？

「孤独な奴」と思われるのが嫌いなだけで、孤独そのものが嫌いなわけではないのではありませんか？

ふれあいのサウナでのぼせたら孤独の水風呂へ。

孤独の水風呂が辛くなってきたら今度はふれあいの温泉へ。

そんな心のスパを楽しみましょう。

適度な孤独は
自分を見つめ直す大切な時間。
過剰な孤独は
自分を見失うリスクあり！

見える道と見えない道

「ロードヒーティング」をご存じでしょうか？

北海道に着任して最初の冬のこと。

朝日が覚めるとやたらに寒い。そして窓を開けると、当時まだ見えていた目に飛び込んで来たのは一面の銀世界。

これが雪国かと思い知りながら、とぼとぼ最寄駅へと歩きました。そして粉雪がちらつく中、駅前の広場まで来ると、そこに全く雪がなく路面が露出した一本の道ができていたのです。

「きっと除雪業者のおじさんが朝早くにやってくれたんだな。

おかげで歩きやすいや」

そんなことを思いながら通勤バスに乗り込みました。

そして夕方、仕事が終わった私はバスで再びその駅に戻ってきました。降る雪はどんどん激しくなり、朝見た時よりも積雪は高さを増していました。

しかし……駅前広場を貫くあの道だけは変わらず全く雪がなく、路面が露出したままでした。

「除雪業者のおじさんも大変だなあ」

そんなのん気な感想でまたその道を歩いたのですが、あまりにも綺麗にひと粒の雪もなく、定規で引いたみたいに正確なライン、しかも朝見た時と道の位置が全くズレていないことに少し違和感を覚えました。

「よっぽど神経質で几帳面なおじさんなのかな」

なんてことを思いながらその夜は眠りました。


すると翌朝も変わらず大雪。

しかし駅前広場にはやっぱり全く雪がない一本の道。

さすがに気になった私は同僚に質問、そしてその道の真実を知ったのです。


それがロードヒーティング。

寒冷地域の道路や歩道に施される仕掛けで、地面の下に埋められた電熱器によってそこに降る雪を解かしていたのです。確かによく見ていると、その道の上に降った雪はすぐに消えてしまい、積もることはありませんでした。

普段は何もない駅前広場に、雪が積もった時にだけ浮かび上がる一本の道。

故郷の広島でも大学時代を過ごした東京でも見たことがなかった私は、このロードヒーティングが強く心に残ったのでした。


そこから年月が流れ、32歳で失明した私は移動には専らタクシーを利用するようになっていました。しかし久しぶりに用事でその駅に立ち寄った時、初めての冬に見たあの道のことを思い出したのです。

いつもはそこにあることなんて全然気づかないけれど、雪が積もった時にくっきりと浮かび上がる道。

ロードヒーティング。

そしてそんな道が心の中にもありました。目が見えなくなって悲しみに覆われた時、初めて見えた一本の道。

もちろん最初は見えませんでした。冷たく重たい雪に覆われて、猛吹雪に見舞われて、どう考えてもこの先歩き続けるなんて無理でした。

でもゆっくり時間をおいて、じっくり気持ちを落ち着けてからもう一度心の目を開くと、そこに道はあったのです。

ロードヒーティング。

地面の下から送られる熱が、足元の雪を解かしてくれている。その熱はきっとたくさんの人たちの優しさ、そしてやっぱり捨てきれない自分自身の情熱。歩ける、これなら歩けそうだ。そうやって私の新しい人生は始まったのです。

北海道に来てもうすぐ20年。どうにかここまで歩けました。正直なところ、どこまで歩くかは決めていません。10年後もかならず医師をやるぞなんて気負わずに、行けるところまで行って、そこで道が途絶えた時には焦らずまた立ち止まればいい。そうしているうちに浮かび上がる意外な道もあるでしょう。今は素直にそう思えています。

目が見えているから見える道がある。
目が見えているから見えない道がある。

今毎日が平穏なら、人間はきっと改めて自分の生きる道を探そうなんて思わないでしょう。私もそうでした。

悲しみに覆われた時、目の前が真っ暗になった時、人間は慌てて道を探し始めます。

私もそうでした。


そしてそんな状況になって初めて、自分の心の中に絶対に雪が積もらない道があることに気がついたのです。

大切なものは失いかけた時じゃないと気がつけない、というのは人間の本当に厄介なところですね。


もし今、あなたの毎日が平穏なら、それはとても良いことです。

でもちょっとした合間に、少しだけ探してみてください。

心の中のロードヒーティングを。

雪が積もらないとどこにあるのか分からないロードヒーティングですが、雪が降っていない普段でもそこにあるのは変わりません。

今の自分が持っている大切なものに気づいてください。

そうすれば、毎日がもっと輝きだすと思います。


そしてもしも今、あなたの心が悲しみに覆われているのなら、ゆっくり深呼吸してください。

意味なんてなくても、答えなんて出なくても、今はただ生きているだけでいい時間です。ゆっくりゆっくり心の中を歩いてください。

たくさんたくさん失って、いくつもいくつも奪われて、もう冷酷な雪しか積もっていない。その景色の中に、細くてもうっすらでも、雪が積もっていないロードヒーティングがかならず見えてきますから。

未来はきっと、その道の先にあります。

ロードヒーティング。
そんな道が心の中にもある。
悲しみに覆われた時に浮かび上がる
未来へ繋がる道。
だけどできるなら、
雪が降る前に探してみよう。

第三部

もう一度
目が見えるなら。

もう一度目が見えるなら

もう一度目が見えるなら、子どもの頃の写真が見たい。
もう一度目が見えるなら、家族で遊んだ公園が見たい。
もう一度目が見えるなら、同級生の姿が見たい。
もう一度目が見えるなら、母校が見たい。
もう一度目が見えるなら、体育祭で造ったやぐらが見たい。
もう一度目が見えるなら、夜空の星座が見たい。
もう一度目が見えるなら、嘉門タツオさんのライブが見たい。
もう一度目が見えるなら、『インディ・ジョーンズ』の新作が見たい。
もう一度目が見えるなら、必死に練習した楽譜が見たい。
もう一度目が見えるなら、瀬戸内海のさざ波が見たい。

もう一度目が見えるなら、修学旅行で行った地球岬が見たい。
もう一度目が見えるなら、学生時代にまとめた勉強と作詞のノートが見たい。

もう一度目が見えるなら、おじいちゃんの遺影が見たい。
もう一度目が見えるなら、この本を目で読みたい。
もう一度目が見えるなら、お世話になった人たちに恩返ししたい。
もう一度目が見えるなら、引き続き仕事をしていたい。
もう一度目が見えるなら、相変わらずギターを弾いて歌っていたい。
もう一度目が見えるなら、小説を書くスピードをアップしたい。

もう一度目が見えるなら、たまには買い物で運試しがしたい。
もう一度目が見えるなら、人の痛みを見失いたくない。
もう一度目が見えるなら、想像力を鈍らせたくない。
もう一度目が見えるなら、声色に敏感なままでいたい。

もう一度目が見えるなら、見えて良かったと思いたくない。

このまま見えないままでも
万が一また見えても、
きっとそれなりの日々。

はじめのような、おわりに

「今、福場さんの心を支えているものは何ですか？」
1年ほど前、ある人にそう質問された時、頭で思うよりも先に私の口はこう答えていました。

「思い出と出会いです」

言った後で改めて考えてみると、確かに自分の心が元気でいられているのは、思い出と出会いから定期的にエネルギーをチャージしているからでした。

まずは、思い出。

小学校、中学校、高校、そして大学と、私には学生時代の楽しい思い出がいくつもあります。学友たちは私の視野が狭いことや暗いところが見えないこともお馴染みのキャラクターにしてくれて、私をみんなと同じ青春のステージにいさせてくれました。現在が苦しかったとしても、悲しかったとしても、目を閉じてその思い出を想起すれば、懐かしさと共に心がエネルギーで満たされます。

そして、出会い。

目が見えなくなった悲しみは一生つきまといますが、そのおかげで出会えた人たちがいます。その人たちがくれる喜びがたくさんあります。

知り合いが1人もいなかった北海道。そんな私を毎週のように買い物に連れ出してくれる友人、自慢の料理を振る舞ってくれるそのお母さん、家賃を払うたびに差し入れをくれる大家さん、到着した後に車を降りて建物の中まで誘導してくれるタクシーの運転手さん、どんどん目が見えなくなる私をサポートしてくれた病院のスタッフのみんな、そして私の外来へ来てくれる患者さんたち。さらには日本中の医療や福祉の現場で目が不自由でも働いている「ゆいまーる」の仲間たち、私の講演を聴きに来てくれる視覚障がい当事者のみなさん、支援者のみなさん。

出会うたびに、集うたびに、笑うたびに、学び合うたびに、愛おしさと共に心を新たなエネルギーが満たしてくれました。


いつか目が見えなくなるかもしれないと告知された時。

実際に視力がどんどん低下していった時。

そして本当に目が見えなくなった時。

そのたびに心は立ち止まりました。失明の運命には結局抗えないのかと投げやりにもなりました。できることが何もなく、自分はあまりに無力でした。

しかし、少し視点を変えることで1つの答えが見つかったのです。

「運命は変えられなくても、人生なら変えられる」

これは網膜色素変性症という不治の病を負った当事者としてはもちろん、精神疾患を負った患者さんたちを支援していく医師としての答えでもありました。人生を変えるためなら、医者にも患者にもできることがまだまだいっぱいあったのです。


精神障がいを負ったある女性は、小説新人賞への応募を始めました。

視覚障がいを負ったある青年は、落語コンテストへの挑戦を始めました。

精神障がいを負ったある男性は、実家を出て1人暮らしを始めました。

視覚障がいが進行したある医師は、臨床の現場を離れて教育の仕事に本腰を入れ始めました。


人生を変えるためのそれぞれの一歩。うまくいったりいかなかったりですが、その模索を始めた時からもう人生は変化し始めています。見える景色もきっと変わっていくはずです。


私も強がるのはもう止めにします。でも弱がるのもほどほどにします。

これからも持ちつ持たれつのスタンスで、前例があろうがなかろうが、穏やかな絶望の中に散らばった希望たちを、1つずつ繋ぎ合わせていきたいと思います。もちろん回り道や寄り道も楽しみながら、エネルギーチャージを忘れずに。

本書は病を宣告されてからの20年間に及ぶ、私の見えない探し物の記録です。お読みいただいた全ての方に感謝申し上げます。

まさかこんなふうに自分の言葉をお届けできる時が来るなんて。

人生は生きてみるものですね。

最後になりますが、この本で一番たくさん出てきた言葉は何だったでしょうか。おそらく「見る」だったのではないかと思います。

ではこの本でほとんど出てこなかった言葉は何だったと思いますか？　それは「幸せ」という言葉です。

自分の人生を振り返ったり、そこから得た大切な気づきをご紹介したりしてきた本書ですが、「幸せ」という言葉はほとんど使いませんでした。

内容が幸せと関係しなかったのかというと全くそんなことはなく、むしろどのお話も「幸せとは何か」ということをずっと考えながら書いていたように思います。

それなのに言葉としては出てこなかった1つの理由は、幸せは意識し過ぎたり、無理に言葉にしたりすると、きっと分からなくなってしまうものだから。

それに生き方を選ぶのが人間の誇り。幸せは生き方に密接に関連するものだから、やっぱりみなさん1人ひとりで答えを見つけてほしいなと思います。

「今」は永遠ではありません。大切な人たちがそばにいるうちに、大切なものたちがそばにあるうちに、あなたの見えない探し物を見つけるちょっとしたヒントが、この本の言葉の中にあれば嬉しいです。

この本はここで終わりですが、この終わりがあなたの新しい景色の始まりになることを願って。

令和6年8月吉日　福場将太

福場将太 ふくば・しょうた

1980年広島県呉市生まれ。医療法人風のすずらん会　美唄すずらんクリニック副院長。広島大学附属高等学校卒業後、東京医科大学に進学。在学中に、指定難病疾患「網膜色素変性症」を診断され、視力が低下する葛藤の中で医師免許を取得。2006年、現在の「江別すずらん病院」(北海道江別市)の前身である「美唄希望ヶ丘病院」に精神科医として着任。32歳で完全に失明するが、それから10年以上経過した現在も、患者の顔が見えない状態で精神科医として従事。支援する側と支援される側、両方の視点から得た知見を元に、心病む人たちと向き合っている。また2018年からは自らの視覚障がいを開示し、「視覚障害をもつ医療従事者の会　ゆいまーる」の幹事、「公益社団法人NEXT VISION」の理事として、目を病んだ人たちのメンタルケアについても活動中。ライフワークは音楽と文芸の創作。

デザイン　古屋郁美
カバーイラスト　鉄拳
編集協力　日谷和葉(&U)
校正　鷗来堂
DTP　朝日メディアインターナショナル株式会社
編集　岸田健児(サンマーク出版)

目の見えない精神科医が、
見えなくなって分かったこと

2024年10月5日　初版印刷
2024年10月15日　初版発行

著者　福場将太
発行人　黒川精一
発行所　株式会社サンマーク出版
〒169-0074　東京都新宿区北新宿2-21-1
(電話)03-5348-7800
印刷　共同印刷株式会社
製本　株式会社若林製本工場

定価はカバー、帯に表示してあります。落丁、乱丁本はお取り替えいたします。
ISBN 978-4-7631-4173-6　C0095
ホームページ　https://www.sunmark.co.jp
JASRAC 出 2406891-401